PE. JERÔNIMO GASQUES

10
Lições sobre o
DÍZIMO

Orientações para a
Pastoral do Dízimo

EDITORA
SANTUÁRIO

Direção Editorial:	Pe. Fábio Evaristo R. Silva, C.Ss.R.
Coordenação Editorial:	Ana Lúcia de Castro Leite
Copidesque:	Luana Galvão
Revisão:	Denis Faria
Diagramação e Capa:	Tiago Mariano da Conceição

Dados Internacionais de Catalogação na Publicação (CIP)
(Câmara Brasileira do Livro, SP, Brasil)

Gasques, Jerônimo
   10 lições sobre o dízimo: orientações para a pastoral do dízimo/ Jerônimo Gasques. - Aparecida, SP: Editora Santuário, 2017.

ISBN 978-85-369-0516-7

2. Bênção 2. Dízimo 3. Oferta cristã 4. Vida cristã I. Título.

17-07294   CDD-248.6

Índices para catálogo sistemático:
1. Dízimo: Serviço de Deus: Vida cristã: Cristianismo 248.6
2. Ofertas: Serviço de Deus: Vida cristã: Cristianismo 248.6

3ª impressão

Todos os direitos reservados à **EDITORA SANTUÁRIO** – 2023

Rua Pe. Claro Monteiro, 342 – 12570-045 – Aparecida-SP
Tel.: 12 3104-2000 – Televendas: 0800 - 016 00 04
www.editorasantuario.com.br
vendas@editorasantuario.com.br

Sumário

Introdução 7

1ª lição: O que é o dízimo? 13
   O dízimo é bíblico 16
   O convite do profeta Malaquias 18
   A experiência do dízimo nos surpreende 22
   O dízimo na ordem pastoral 24
   A fartura também incomoda 26
   Algumas conclusões sobre o dízimo 28

2ª lição: Dízimo: uma experiência de oração partilhada 31
   Dízimo: gesto de partilha 32
   Dízimo: uma forma de oração 34

3ª lição: Diferença entre dízimo, oferta e esmola 37
   Dízimo 37
   Oferta 38
   Esmola 40
   As indicações de Jesus 42

4ª lição: O dízimo dos "filhos do rei" 45
   Advertências aos filhos do Rei 47

5ª lição: A cura pelo dízimo 51
   Alguns testemunhos de vida 52
   Por que o dízimo não acontece na comunidade? 55

6ª lição: O santo temor do Senhor 57
   A frieza de coração 59
   O foco do Novo Testamento 60

7ª lição: O dízimo: uma contribuição para o reinado de Deus 63
O dízimo motivado pela graça de Deus 66

8ª lição: O dízimo traz a bênção 69
As preocupações matam a bênção 70
Abençoando materialmente 72

9ª lição: Ser próspero e fecundo 75
A conversão ao dízimo 77
O dízimo é um símbolo 79

10ª lição: A alegria de ser dizimista 100% 81
Os cestos cheios da graça e a alegria da partilha 84
O dízimo renovado 85

Indicações e sugestões para leitura 89

Conclusão 91

Oração do dizimista

Toma, Senhor, o que é teu!
Aqui venho para te ofertar
um pouco do meu nada,
um nada do meu tudo.

Toma, Senhor, o que é teu!
Da bondade, que me concedes,
um pouco, como o pouco de Abraão,
um tudo como o tudo de Jacó.

Toma, Senhor, o que é teu!
Meu celeiro está cheio,
cheio do teu amor.
Aqui venho dizer: recebe, Senhor!

Toma, Senhor, o que é teu!
Nada de grande gesto;
simples, simples como os pássaros,
mas cheio e repleto do teu Espírito para te ofertar.

Toma, Senhor, o que é teu!
Na tua bondade infinita,
minha compreensão limitada.
Mas do meu bolso
recebe um gesto de gratidão.

Recebe, Senhor, o que é teu!
O que te ofertar?
O que é melhor para o Senhor?
Uma medida bem medida;
um coração livre para amar!

Introdução

Apresento, neste livro, uma experiência maravilhosa sobre o dízimo em minha caminhada como pároco na comunidade cristã. Já fizemos muitas experiências de Deus em nossa vida comunitária, mas a do dízimo tem sido, para nós, uma dádiva divina; um orvalho novo a "cair do céu" repleto de todas as virtudes e de benfazeja esperança para a comunidade. A comunidade tem se nutrido dessa experiência maravilhosa.

A experiência de Pastoral do dízimo, na comunidade, é como um soprar novo do Espírito a motivar nossas paróquias. É uma inconfundível beleza a nos inspirar e fortalecer as motivações cristãs. A ela se somam uma infinidade de opções amadurecidas de vida paroquial. Esse modelo de opção, na captação de recursos, representa um amadurecimento das pessoas cristãs-católicas.

A experiência com o dízimo foi como um sol novo a iluminar nossa caminhada comunitária. A partir dele, tudo mudou, as pessoas mudaram e se maravilharam à medida que o tempo passava. Saímos de um tempo nublado para uma estação de sol a pino, mas regado com a Palavra de Deus! O dízimo surgiu como uma chuva a cair do céu em favor da comunidade.

O dízimo é uma proposta "em saída"; um caminhar que começa pequeno e se apressa ao passar dos dias, meses e anos. É um projeto no qual vale muito investir. É a única saída para a Igreja em tempos de crise e de incertezas. Mas é, também, uma razão de certa coragem de investimento de fé, que se faz com coragem e força de decisão.

Tudo se resume a uma questão: colocar-se a caminho. O dízimo é uma proposta de caminho, quase sempre áspera, mas cheia de surpresas e de agradáveis consequências para a vida cristã.

Por vezes, ela atravessa vales esplêndidos e, por outras, um oásis cheio de obstáculos! Mas, aqui, o que vale é o caminhar!

Muitas vezes, fico pensando na experiência de Abraão. O que aquelas palavras de Deus representaram para ele naquele momento. Houve certeza ou dúvida? Será que ele aceitou de repente? Será que foi uma decisão tranquila? Seria um afobamento de sua parte? Comunicara a Sara sua decisão? Enfim... aceitou, tranquilamente, a proposta... "Deixa tua terra..." (cf. Gn 12,1-2). O que aquilo poderia dizer a ele. A experiência dele pode ser a minha – e também a sua – experiência de Deus. Com Abraão, inicia-se um povo. Um povo diferente. Qual é a missão de Abraão? É levar a bênção de Deus para todas as nações da terra; tornar-se um vale fecundo de esperança e de prosperidade[1].

O dízimo é uma bênção! Deus escolheu e enviou Abraão para ser um canal de bênção para toda a humanidade. Por meio dessa aliança, Deus começou seu plano redentor, que teve seu clímax em Jesus Cristo, autor e consumador de nossa fé. Aqui está a síntese do detalhe abençoador de Deus!

Bendito seja o Deus e pai de nosso senhor
Jesus Cristo, o qual nos
abençoou com todas as bênçãos espirituais
nas regiões celestes em Cristo (Ef 1,3).

O dízimo só será importante, na vida cristã, se o entendermos como uma grande bênção. Muitos não descobriram essa bênção de Deus, presente na vida do dizimista. Muitos vivem buscando ou tentando encontrá-la em outros lugares e am-

---

[1] Para ficar mais diversificado, o autor optou por fazer uso de vários textos bíblicos: Ave-Maria, Edição Pastoral da Editora Paulus, A Nova Bíblia Pastoral da Editora Paulus, a Bíblia de Jerusalém e a Tradução Ecumênica da Bíblia na Linguagem de Hoje, da Editora Sociedade Bíblica do Brasil. Os textos foram escolhidos de acordo com o momento, o contexto e a tradução mais adaptável à língua portuguesa e mais pertinente ao momento.

bientes de Igreja. Importa, neste momento, fazer a experiência do dízimo como a fizeram, antigamente, Abraão e seus descendentes. Iremos ver como esse patriarca atraiu a bênção de Deus com sua oferta decimal.

O caminho de Abraão começa pela fé. Ela é base da contribuição decimal! Abraão aceita o chamado e, sem colocar restrições, coloca-se a caminho. O que viria a sua frente? Nem Abraão o sabia, mas tinha convicção de que Deus não o abandonaria. Nada lhe faltaria; nada se ele se colocasse a caminho, obedecendo ao chamado e colocando-se rumo ao desconhecido.

Um chamado divino só pode ter, como resultado, a certeza de dias melhores. Se Deus chama, a consequência é assertiva. As pessoas precisam descobrir esse detalhe. São coisas pequenas, plenas da graça divina. Todo convite de Deus é sagrado. O dízimo é uma proposta divina e plena do sagrado comunicacional de Deus!

Abraão dá um grande salto de fé. Não pondo restrições, ele se lança em busca da promessa. E o dízimo é uma promessa, como veremos no livro de Malaquias. Abraão é portador do novo. A novidade consiste em ser fiel à promessa de Deus, que nunca falha. A Palavra de Deus é sempre enfática e retumbante. Você verá que ela ressoará em sua vida pessoal e familiar. A Palavra de Deus é um eco que chega ao coração de Deus e retorna com um convite para fazer a experiência de Deus, ao modo de Abraão.

Aqui, descobrimos que a maior questão não é simplesmente de fé, mas de fazer a experiência; de experimentar Deus no desafio ao desconhecido; a segunda atitude é caminhar sempre e não desistir apesar de tudo!

O que Deus promete a Abraão? Deus promete terra para seus rebanhos e filhos para cuidar deles. O que Deus promete é, justamente, aquilo que todo homem ou toda mulher desejam: serem abençoados, prósperos e fecundos. É, justamente, isso que falta em nossa vida cristã.

Deus promete a Abraão tudo aquilo a que aspiramos: o necessário para suprir nossas necessidades vitais. É tudo o que podemos pensar e desejar em tempos de crise familiar, social, econômica, religiosa etc. Por trás de todas as necessidades, estão as aspirações, e a promessa de Deus vem como resposta para elas.

Abraão sai de sua terra deixando seus familiares e carrega apenas três coisas: uma pedra, uma tenda e muitas promessas. Uma pedra para um altar de adoração ao único Deus; uma tenda para se abrigar do calor do dia e o frio da noite; e munido de muitas promessas de Deus para si e para os seus. O que mais podia desejar? Apenas a esperança da promessa...

Vamos inserir, neste livro, os conteúdos e as dinâmicas do Documento 106 da CNBB sobre o dízimo, com o título "O dízimo na comunidade de fé: orientações e propostas". Todo o livro tem a normatização desse documento, e ele se torna orientador para as comunidades. Publicado em meados do ano de 2016, traz as ideias essenciais para a elaboração de pastoral do dízimo, a prática e a aplicação na comunidade paroquial.

Vamos trabalhar, com modéstia, dez temas

No primeiro, questionamos o sentido do dízimo. É uma introdução para podermos compreendê-lo e desfazer os equívocos sobre ele. Alinhamos o tema ao Documento da CNBB, número 106. No segundo, enfocamos a finalidade do dízimo, entregue à comunidade eclesial, e a experiência maravilhosa que podemos fazer com ele. No terceiro, estabelecemos as diferenças entre dízimo, oferta e esmola. No quarto, tratamos do dízimo como uma dádiva dos filhos de Deus. No quinto, verificamos que o dízimo é um grande "remédio" que pode curar as feridas. No sexto, consideramos o dízimo visto do ângulo do temor de Deus. No sétimo, discorremos sobre o dízimo, entregue para glorificar e fortalecer o reinado de Deus aqui na terra. No oitavo, refletimos sobre o dízimo como fonte de bênçãos. No nono, meditamos sobre a prosperidade e fecundidade, das quais somos portadores, quando fiéis ao dízimo do Senhor. E no décimo capítulo falamos da alegria em ser dizimista 100%.

Espero que nosso livro seja o início de uma nova etapa em sua vida. Acredito que só é verdadeiro dizimista aquele que consegue fazer a experiência do dízimo com Deus e tem condições de avaliar sua importância na espiritualidade cristã. Sem ela, o dízimo, por melhor que seja, ainda fica deficiente e não surte o efeito maravilhoso que a Palavra de Deus nos garante. Importa, todavia, ficarmos atentos à Palavra de Deus. Ela nos convoca. Muitas vezes fico me perguntando por que tantos católicos (a maioria esmagadora) ainda não fizeram essa experiência com Deus? É uma perda muito grande para o crescimento espiritual. Existem pessoas que estão na igreja, mas não participam da experiência do dízimo. Qual seria a razão da desmotivação? Será que não percebem a necessidade do dízimo como fator de comunhão? Por que elas ficam indiferentes? Isso faz pensar!

Desejo que você, leitor, possa usufruir o máximo destas linhas e venha fazer essa experiência com Deus, a partir da contribuição do dízimo. Espero que você possa contar aos outros o que o Senhor tem feito em sua vida: que nada lhe tem faltado, pois "os caminhos do Senhor são retos" (Os 14,9b) e Ele é "o bom pastor" (Jo 10,11) que nos guia.

Estarei torcendo para que você conte aos outros que é muito bom estar dizimista e colocar a confiança em Deus, nosso Senhor. Contamos aos outros tantas coisas e por que não falarmos daquilo que Deus fez em nós, como fizera Maria de Nazaré "O Senhor fez em mim maravilhas...". Vamos... continue a leitura, sozinho ou em grupo.

Reflexão

"Abraão dá um grande salto de fé. Não pondo restrições, ele se lança em busca da promessa. E o dízimo é uma promessa, como veremos no livro de Malaquias. Abraão é portador do novo. A novidade consiste em ser fiel à promessa de Deus, que nunca falha. A Palavra de Deus é sempre enfática e retumbante. Você verá que ela ressoará em sua vida pessoal e familiar. A Palavra de Deus é um eco que chega ao coração de Deus e retorna com um convite para fazer a experiência de Deus, ao modo de Abraão".

1ª lição
O que é o dízimo?

O Documento 106 da CNBB define o dízimo da seguinte maneira: "O dízimo é uma contribuição sistemática e periódica dos fiéis, por meio do qual cada comunidade assume corresponsavelmente sua sustentação e a da Igreja. Ele pressupõe pessoas evangelizadas e comprometidas com a evangelização" (Doc. CNBB 106,6).

A pergunta é uma provocação; é também uma dúvida que muitos têm: "Quanto devo 'pagar'? O que é o dízimo? Como devo contribuir? Há um valor estipulado? Posso contribuir com qualquer quantia? Ele é livre? Posso fazer o que eu quiser, então?"

É bom esclarecermos, de início, que dízimo não se paga. Com o dízimo se contribui. Quando pensamos dessa forma, até a linguagem muda de aspecto. É bom utilizarmos a linguagem da Bíblia para falar sobre o dízimo.

O Documento da CNBB questiona a forma, o modo e a linguagem utilizada para se dar o dízimo. "Contribuir, por sua vez (a opção mais adequada), inclui o significado de concorrer para a realização de um fim, tomar parte em algo comum, assumindo solidariamente a responsabilidade" (Doc. CNBB 106,57).

A Bíblia fala em trazer o dízimo. Com isso já ficam excluídas as formas erradas de contribuição utilizadas por muitas comunidades: cobrar o dízimo ou arrecadá-lo nas casas de família etc. O dízimo é dízimo porque o Senhor assim o quis. Dízimo vem de 10% daquilo que se ganha mensalmente. Inicialmente estranhamos a imposição da palavra, mas não existe outra opção ou alternativa mais adequada. Aqui valem, apenas, a experiência e a coragem em assumir esse desafio.

Estamos falando daquelas pessoas que são assalariadas mensalmente e que, por dever cristão, também devem contribuir mensalmente.

Muitos católicos têm o hábito de contribuir com uma quantia qualquer. Isso não é dízimo! É descuido com o dever bíblico em contribuir e não pode ser admitido como forma de contribuição do dízimo.

Muitos poderão estar pensando: "Ah! Isso não é fácil!" "Tenho tantas despesas...". "Há muita crise econômica..." "Não temos condições suficientes para assumir esse encargo. Dez por cento é muito dinheiro para mim!" "O que ganho não é suficiente, e ainda devo dar os 10%? Como é que eu ficaria se retirasse 10%?..."

Cada um, a seu modo, deve encontrar o melhor caminho. O que não se deveria, jamais, é ficar sem contribuir com o dízimo e ou perder a oportunidade de se fazer a experiência de Deus em sua vida cristã.

É bem verdade que a contribuição do dízimo levanta, certamente, dúvidas. Mas esse é o primeiro caminho para começar a experiência do dízimo. Muitos começam com uma contribuição menor – começando a contribuir com 1%, 2% ou 3% –, que é, de certa forma, válida. Mas devemos estar atentos para não nos acomodarmos com uma contribuição irrisória, pois isso poderia resultar em acomodação e, então, levaríamos "mais ou menos" a sério nossa contribuição. São muitos os que agem dessa forma e acabam terminando o ano sem ter feito a experiência com Deus sobre o dízimo.

A experiência que temos, a respeito do dízimo, tem levado muitos cristãos a contribuírem inicialmente com uma pequena porcentagem do dízimo; então, à medida que o Senhor vai mostrando os benefícios do dízimo, as pessoas vão aumentando a quantia da contribuição e, com isso, percebem que o Senhor tem muito mais para lhes dar, tanto que até acabam tendo sobra no orçamento mensal.

Assim, a experiência do dízimo vai progredindo de tal forma que a sensibilidade dessas pessoas cresce à medida que elas descobrem o amor e o valor do dízimo em sua vida comunitária. O dízimo não é uma opção simples ou fácil; exige certo desconforto inicial.

Pensando bem, o dizimista se torna um grande administrador dos bens, das bênçãos. Vejamos: nós recebemos da natureza 100%: 10% são de Deus; 90% são para administrarmos. Repetindo: Deus dá 100%: 10% são para serem devolvidos a Ele; 90% são para serem administrados por nós, de acordo com nossas necessidades mensais. Com isso podemos admitir que Deus não nos tira nada; pelo contrário, dá-nos muito mais, isto é, 90%.

Aqui entra a questão de que devemos saber administrar aquilo que é nosso, e a Igreja, por sua vez, administra os 10% que são de Deus. Esse é um passo de conscientização importante. Embora pareça simples, não é fácil compreender a "matemática" do Deus da vida. Há sempre, de nossa parte, um bocado de egoísmo. Se não começarmos por aqui, não haverá crescimento, não haverá prosperidade, e, consequentemente, vamos excluindo a bênção de nossa vida.

"Por meio do dízimo, que é uma contribuição motivada pela fé, os fiéis vivenciam a comunhão, a participação e a corresponsabilidade
na evangelização" (Doc. CNBB 106,5)

O dízimo, bem entendido, exclui o egoísmo e integra o amor de gratuidade, que deve ser buscado com desejo constante. As experiências que temos observado têm mostrado isso na vida das pessoas que se tornaram dizimistas e foram agraciadas com todas as bênçãos. Essas experiências falam muito mais forte, e isso prova o quanto o Senhor continua a abençoar as pessoas.

O dízimo é, simplesmente, uma questão de fazer a experiência com Deus. Quando nos deixamos conduzir pelo Senhor da história, tudo acaba indo bem em nossa vida. É isso que está faltando às pessoas. O dízimo é uma forma de espiritualidade cristã e de oração, que nasce e brota da experiência partilhada do amor operativo, tendo em vista a comunidade da qual se participa.

Dízimo é comunhão e partilha, mas, para chegar a isso, é necessário educar a fé. Uma fé educada impulsiona o contribuinte para o sempre mais... Até chegar a viver conforme a Palavra: "Todos tinham tudo em comum e repartiam seus bens entre os necessitados" (At 2,44-45).

O dízimo é bíblico

Sem dúvida alguma, nada melhor que entender que o dízimo é de origem bíblica. Só podemos compreender um dízimo que tenha embasamento na Palavra de Deus. Assim entendido, desfazem-se todas as dúvidas sobre essa forma de contribuição.

Buscando na Palavra de Deus a compreensão sobre o dízimo, iremos conferir de perto alguns textos bíblicos que falam sobre esse assunto. Não iremos conferir todos eles; no entanto, aqueles que se interessarem poderão encontrar no item "Sugestões para leitura" algumas indicações complementares de nossos escritos.

A Bíblia está cheia de referências sobre o dízimo, ofertas, coletas, esmolas etc. Vamos nos ater aqui somente ao dízimo e recorremos, como exemplo, a este texto clássico da Bíblia:

> Se Deus for comigo, se ele me guardar durante esta viagem que empreendi, e me der pão para comer e roupa para vestir, e me fizer voltar em paz à casa paterna, então o Senhor será o meu Deus [...] e pagarei o dízimo de tudo o que me derdes (Gn 28,20-21.22b).

Esse é um dos mais empolgantes textos sobre o dízimo. Refere-se ao dízimo de Jacó. Conhecemos a história desse personagem. Jacó queria a bênção que pertencia a Esaú, filho mais velho, e conseguiu-a (cf. Gn 27). Em primeiro lugar, ganhou de Esaú o direito de primogenitura em troca de um prato de lentilhas (até que ponto se pode chegar!). Mais tarde, aproveitando-se da doença do pai, Isaac, ajudado pela mãe, Rebeca, fez-se passar por Esaú e recebeu a bênção do pai. Por causa de tudo isso e para evitar a vingança do irmão, Jacó fugiu para uma terra estranha, distante (cf. Gn 28). E, no caminho, teve um sonho intrigante: uma escada que se erguia da terra e chegava ao céu... (cf. Gn 28,10-19).

Não vamos nos fixar nessa história, caso contrário iria muito longe! Importa, aqui, seu voto, sua consideração e, talvez, o arrependimento pelo "pecado" cometido.

Conheço muitas experiências de dizimistas que começaram por esse texto. Encontraram nele a razão de viver; um projeto novo de vida e de opção pelo dízimo.

É interessante que sobre cada dizimista consciente recai uma promessa: "Se Deus estiver comigo... proteger-me... der-me pão e roupas... dar-lhe-ei a décima parte" (cf. Gn 28,10-22a). O que mais podemos desejar? O que mais podemos ofertar? Como poderíamos ignorar que Deus amou Jacó, apesar de seu pecado, que, digamos de passagem, era grande!

Aqui aparece outro detalhe: o voto de Jacó, é mais que promessa, é um compromisso de reconhecimento por aquilo que o Senhor estava fazendo e iria fazer em sua vida. O verdadeiro dizimista caminha por essa trilha. No dízimo, há uma bênção, mas o dizimista deve ser fiel à mesma quantidade da bênção. É como a lei natural: bênção atrai bênção! Para outros isso se chama: prosperidade!

O convite do profeta Malaquias

Outro texto interessante. Vamos olhá-lo através de nossa janela de interesse, nesse momento. O texto tem, também, intuito de criticar a questão de não dizimistas. Aqui, interessa-nos a pessoa do agente, a intenção e o convite para o dízimo de forma geral.

> Pode o homem enganar seu Deus? Por que procurais enganar-me? E ainda perguntais: em que vos temos enganado? No pagamento dos dízimos e nas ofertas. Fostes atingidos pela maldição, e vós, nação inteira, procurais enganar-me. Pagai integralmente os dízimos ao tesouro do templo, para que haja alimento em minha casa. Fazei a experiência: diz o Senhor dos exércitos, e vereis se não vos abro os reservatórios do céu e se não derramo minha bênção sobre vós muito além do necessário. Para vos beneficiar, afugentarei o gafanhoto, que não destruirá mais os frutos de vossa terra, e não haverá nos campos vinha improdutiva: diz o Senhor dos exércitos. Todas as nações vos felicitarão, porque sereis terra de delícias: diz o Senhor dos exércitos (Ml 3,8-12).

Esse é um dos textos mais famosos sobre o dízimo. Está cheio de questionamentos e, em uma leitura simplista, desvirtua a experiência do dízimo. Encontramos nele vários elementos que orientam nossa opção pelo dízimo. Certamente, podemos observar que o texto é, mais que tudo, dirigido aos sacerdotes do Templo, que descuidaram de suas obrigações e sofriam as restrições do profeta.

Podemos refletir sobre algumas expressões:

• "Pode o homem enganar seu Deus?" (v. 8a).

Quantos pensam isso? Quantos se preocupam com isso? Como devemos agir sem enganar Deus? O que é e como é enganar Deus? São várias as perguntas que podemos fazer. Podemos levantar alguns questionamentos.

• "Pagamento dos dízimos e ofertas" (v. 8d).
São duas facetas que podemos distinguir à medida que a consciência do dízimo vai crescendo. Uma pode supor a outra, mas não necessariamente. O dizimista fiel pode estar dispensado das ofertas. Na opção de ser apenas contribuinte constante ou esporádico, a consciência deve atingir o grau máximo de sensibilidade. Ao fazer a opção pelas ofertas, o contribuinte não poderá confundi-las com as esmolas (cf. capítulo 3 de Malaquias). Vamos a uma pequena caminhada de distinções.

• "Fostes atingidos pela maldição" (v. 9a).
Aqui está um ponto crítico e difícil. Não nos é fácil admitir as maldições, mas é necessário afastá-las de nossa vida. Matamos as maldições atraindo as bênçãos. Deus não concede maldição a ninguém, mas, sim, sua bênção em abundância a todos aqueles que são fiéis a sua Palavra. Muitas vezes, é questão de caminhada espiritual e de opção de vida. Não estando atentos à Palavra, provavelmente, estamos abertos às maldições, que vão se avolumando em nossa vida. Porém, esse não é o caminho para Deus!

• "Pagai integralmente os dízimos ao tesouro do templo" (v. 10a).
Aqui estão a regra e o procedimento correto para o cristão que se propõe à experiência do dízimo. O dízimo só é dízimo quando for completo. Nunca quebrado ou ao meio, reduzido a meio medido ou a qualquer coisa que tenha o título de dízimo. Dízimo integral é 10% – aqui reside o significado do dízimo completo. Nesse propor o dízimo para "todas as igrejas" (católico e protestante), o questionamento é: para qual templo? Os protestantes não têm templo! E qual igreja tem seu "tesouro"! São questões que nos preocupam na opção pelo dízimo sem saber do que se trata.

• "Fazei a experiência *com Deus* (v. 10b)".
A questão maior não é ser um dizimista completo, mas, sim, um dizimista que aprendeu a fazer a experiência com

Deus a partir do dízimo. Nesse sentido, o dízimo começa a funcionar em nossa vida, e vamos, com o passar do tempo, recebendo graça sobre graça. A consequência de um dízimo completo é que o Senhor abre "os reservatórios do céu" (Ml 3,10d), afirmando que a consequência da fidelidade será uma retribuição abençoada como as chuvas, que fecundam a terra ao caírem no solo seco.

• "Derramo minha bênção sobre vós muito além do necessário" (v. 10c).

Nosso Deus não pode ter pouco para nos ofertar. Tudo em Deus é pleno, cheio e sem medida. Há necessidade de crermos nessa promessa. Descobrir a plenitude de Deus é ir ao dízimo na intenção de encontrar esse caminho ou alternativa. Na escolha de Abraão, prometeu-lhe uma "terra que corre leite e mel" e, na criação, colocou o homem no paraíso, para que ele se deliciasse de tudo que lá existia e, apenas, fez uma restrição: não comer da árvore do bem e do mal.

• "Afugentarei o gafanhoto (as pragas das plantações), que não destruirá mais os frutos de vossa terra" (v. 11a).

Um povo, uma nação, uma família só serão abençoados quando houver fidelidade às normas, aos decretos e às constituições. Quando a justiça reina, o povo se alegra com as bênçãos. Pensemos: o que poderá advir a um povo, cuja maioria só pensa em carnaval, em festas, em mulatas, em futebol, em corridas automobilísticas etc.?

Qual será o resultado? A consequência? Esse é um quadro difícil e que impede que as bênçãos possam fluir na vida das pessoas. Muitos católicos têm dinheiro e tempo para tudo isso, mas não para a Igreja, para Deus e para a fidelidade na contribuição do dízimo. Para ser cristão, há necessidade de se excluir tudo aquilo que atrapalha a caminhada para Deus, para a Igreja e para os irmãos.

Enfim, a Bíblia diz que Deus ama a quem dá com alegria (2Cor 9,7). Deus não olha tanto o tamanho da oferta, mas o tamanho da generosidade. Quanto mais a pessoa for generosa e abrir seu coração para partilhar, tanto mais agradará a Deus e se abrirá a Ele para receber suas bênçãos.

Na Bíblia, Abraão, o pai dos crentes, foi o primeiro que abriu seu coração generoso e deu o dízimo de seus bens ao rei de Salém e sacerdote de Deus, Melquisedec, em agradecimento pela assistência divina que recebera (Gn 14,18-20). O patriarca Jacó, obedecendo a Deus, ergueu um altar em Betel, em agradecimento, porque Ele o escutou em sua aflição e o acompanhou em sua viagem (Gn 35,1-8).

Vejamos as consequências da fidelidade: "Todas as nações vos felicitarão, porque sereis terra de delícias" (v. 12).

Não é maravilhoso ser fiel à Palavra de Deus? Ela nunca falha. Quem segue a Palavra de Deus nunca erra. Dízimo é verdadeiro ato de fé e fonte de bênçãos; experiência de amor, generosidade e gratidão; meio de organização, evangelização, promoção humana. Dízimo não é taxa, imposto, esmola ou sobra! O dízimo deve ser o resultado de um coração generoso e agradecido.

Por esse motivo diz Jesus: "Eu sou o caminho, a verdade e a vida" (Jo 14,6a). E muito mais: o caminho que conduz à vaidade da vida é muito espaçoso (cf. Mt 7,13). O caminho de Deus, por certo, é estreito, mas cheio de surpresas e de agradáveis consequências!

Com esses dois textos, pode-se ter as primeiras ideias bíblicas sobre o dízimo.

Fiquemos com mais estes textos:

Para as ofertas e o dízimo, a Palavra de Deus é clara: há mais alegria em dar do que em receber (At 20,35); a generosidade de Deus é insuperável, pois ele faz nascer o sol sobre maus e bons (Mt 5,45). Devemos retribuir; não adianta acumular bens. Devemos fazer tesouros no céu, onde ninguém roubará e as traças não destruirão (Lc 12,33); devemos dar sem esperar retorno: "quando deres uma ceia, não convides teus amigos, nem teus irmãos, nem os parentes, nem os vizinhos ricos. Porque, por sua vez, eles te convidarão e assim te retribuirão..." (Lc 14,12-14); para Deus conta a doação feita de boa vontade. Foi o que Jesus disse da oferta da viúva que deu as únicas duas moedas que tinha, porque deu de sua indigência tudo o que tinha para seu sustento, enquanto os outros deram do que tinham em abundância (Mc 12,41-44).

No transcorrer de nossas reflexões, iremos alinhando outros textos para que elas não fiquem enfadonhas, cansativas.

A experiência do dízimo nos surpreende

Infelizmente, muitos ainda não descobriram esta experiência, pois existe certo medo dos 10%. Para muitos, ainda, esta porcentagem é demais. Não perceberam que Deus lhes dá 90% para administrar, que os 10% são de Deus e devem ser levados à Igreja para suprir as necessidades da comunidade cristã.

Somente uma espiritualidade bem refinada entenderá essa proposta divina. Aos demais ficará, sempre, aquela sensação de ineficiência ou de eficácia sem resultado.

Muitos ainda não perceberam que o dez é o número da perfeição. Não são dez os mandamentos da Lei de Deus? Por que não nove ou onze? Não. São dez mandamentos, para indicar que aqueles que querem ser fiéis ao Deus da vida deverão ter sempre presentes as tábuas da Lei. É uma regra de fidelidade e de perfeição. E mais perfeito ainda, acrescenta Jesus, é o AMOR, que será sempre infinitamente insuficiente para nós. Quanto mais damos, mais temos necessidade de dar. A oração de São Francisco de Assis expressa: "é dando que se recebe..."

Na conversa de Jesus com os incrédulos fariseus, eles questionam-no sobre os impostos que devem ser pagos a César. Jesus não tem dúvida e responde: "Dai, pois, a César o que é de César, e a Deus o que é de Deus" (Mt 22,21). Essa resposta é decorrente da incredulidade, da hipocrisia e da maldade dos fariseus. A nós, porém, não caberia tal questionamento...

Na realidade, cremos que o dízimo não é uma forma de pagamento a Deus, à Igreja; a graça não se paga, mas se reconhece. Nosso dízimo é um leve gesto de ternura por tanto amor, benemerência e bondade de Deus em nos dar Jesus como Salvador. Por esse fato, não iremos encontrar, no Novo Testamento, uma pregação detalhada sobre o dízimo.

Quando descobrimos o amor operante, deixamos de lado muitas restrições, muitas matemáticas... É tão desagradável ser padre e ouvir aquela pergunta dos católicos: "Quanto custa para celebrar a missa?" Ou: "Para me casar na igreja, quanto devo pagar?" Não deveria ser por aí... mas...

Embora, o Novo Testamento não oriente especificamente para a contribuição do dízimo, poderemos encontrar algumas referências indicativas, por exemplo, nos discursos de Jesus, que revelam sua atividade libertadora. Jesus questiona a gratuidade das relações entre as pessoas, indicando:

> Dê sempre a qualquer um que lhe pedir alguma coisa; e, quando alguém tirar o que é seu, não peça de volta. [...]. Se vocês amam somente aqueles que os amam, o que é que estão fazendo de mais? Até as pessoas de má fama amam as pessoas que as amam. [...]. Façam o contrário: amem seus inimigos e façam o bem para eles. Emprestem e não esperem receber de volta o que emprestaram e assim vocês terão uma grande recompensa e serão filhos do Deus Altíssimo. Façam isso porque ele é bom também para os ingratos e maus. [...]. Deem aos outros, e Deus dará a vocês. Ele será generoso, e as bênçãos que ele lhes dará serão tantas, que vocês não poderão segurá-las em suas mãos. A mesma medida que vocês usarem para medir os outros, Deus usará para medir vocês (cf. Lc 6,30a.32.35b.38a).

Não é um texto magnífico? Jesus revoluciona as relações sociais entre as pessoas, os grupos e as nações e mostra que as relações devem ser justas e fraternas, à semelhança do amor misericordioso do Pai. Nesse quadro, o dízimo fica tão "insignificante" para aqueles que pretendem achá-lo demasiado grande.

O essencial, na questão do dízimo, é a consciência de que o que temos é sempre um dom. Nada é nosso. Tudo deverá estar a serviço do próximo, do outro. O egoísmo exclui a fraternidade.

A Bíblia está cheia de referências ao dom, à gratuidade. Vejamos a impressionante passagem da samaritana no poço de Jacó: "Jesus, fatigado da viagem, sentou-se à beira do poço. Era pelo meio-dia" (Jo 4,6b). A extrema atenção que Jesus devota à samaritana leva-a a lhe pedir a água viva, depois de ele lhe dizer: "Se conhecesses o dom de Deus, e quem é que te diz: Dá-me de beber, certamente, pedir-lhe--ias, tu mesma, e ele te daria uma água viva" (v. 10).

São Paulo, na primeira carta aos Coríntios, afirma que o maior dom é a caridade (cf. 1Cor 13). O amor – a caridade –, tem a capacidade de criar o maravilhoso. É impossível não nos encantarmos com a bondade de Deus por nós. É inadmissível não reconhecermos que Deus nos dá tudo. Tudo provém de Deus (cf. Tg 1,17) e tudo concorre para nosso bem (cf. Rm 8,28). Quando um falha, todos sofrem essa falha (cf. 1Cor 12,26), e a consequência será sempre desastrosa.

O dízimo na ordem pastoral

Não se pode oferecer o dízimo com dúvidas. Não se pode admitir um dízimo defasado com meias verdades. Na consciência do dizimista, não deve haver restrições, por mais razoáveis que possam parecer. Não há justificativas de "pode" ou "não pode". O que fica em regresso é a questão pastoral.

Vamos à Palavra para entendermos melhor essa questão e busquemos orientação no Evangelho de São Lucas, capítulo 5. Ele é significativo. O Evangelho narra que Jesus estava às margens do lago de Genesaré. "O povo se comprimia em redor dele para ouvir a palavra de Deus" (v. 1b). Os discípulos estiveram pescando. Pedro era o chefe da pescaria; era especialista nisso. No entanto, naquela noite nada pescaram. Desanimados, lavavam suas redes. Aparentemente, uma cena típica de pescadores! Lavar e consertar as redes era o hábito comum, depois da pesca. Deve ter sido uma cena impressionante... Pense comigo: os pescadores ali, pertinho do Mestre. Talvez Jesus se condoesse dos discípulos. De repente, a voz do Mestre se faz redundante: "Lançai vossas redes para pescar" (v. 4). Fácil para Jesus; difícil para os discípulos. "Lançai vossas redes para pescar".

Pedro deve ter questionado em seu íntimo: "Eu entendo de pescaria, e o Senhor entende de carpintaria. Conheço a noite e os ventos, que trazem o bom tempo para pescar". Acontece que era o Mestre quem estava ordenando! E diz: "Mestre, trabalhamos a noite inteira e nada apanhamos" (v. 5a). Aqui está o detalhe mais importante: "Mas, por causa de tua palavra, lançarei a rede" (v. 5b).

Em atenção à palavra de Jesus, aconteceu o milagre simbolizado pela fartura de peixes que eles apanharam. Eram tantos que tiveram de pedir ajuda aos demais companheiros da outra barca. E encheram as barcas a ponto de quase afundarem. Pedro se inquieta: "Retira-te de mim, Senhor, porque sou um homem pecador" (v. 8b). E assim o texto vai desvendando alguns mistérios...

Quando confiamos na Palavra de Deus, o milagre acontece. É necessário que o dizimista se lance à confiança em Deus, que é Pai e que não lhe deixará faltar nada, se for perseverante e colocar sua fé no Senhor da vida, da história.

Muitos vão ao dízimo meio receosos, duvidando. Esse não é o caminho. O caminho é confiar na Palavra, a qual revela que é reservada uma bênção de fartura, de prosperidade ao dizimista.

Quando chegar o começo do mês – tempo propício para a contribuição decimal –, pense no gesto de Jesus, em seu pedido e na obediência dos discípulos. A Palavra de Deus não falha! Importa lançar as redes... Lance!

A fartura também incomoda

Muitos se questionam: "para que tanto dinheiro na Igreja? A Igreja deve ser pobre. Os padres não devem preocupar-se com o dinheiro. O mais importante na Igreja é o aspecto espiritual. Meu compromisso com Deus é rezar bastante, ir à missa aos domingos (quando vou! Isso já é suficiente). O importante é dar algumas esmolas de vez em quando, colaborar nas quermesses, nas festas da igreja, comprar umas cartelas de bingo... E já está bom!"

Você já deve ter ouvido esses comentários, não é mesmo? Na maioria das vezes, não passam de pura grosseria, de indelicadeza de um espírito refratário. Quem assim pensa não conhece a Igreja, tampouco a comunidade.

O dízimo que entregamos à Igreja reverte-se em benefício da própria comunidade, que é como a família. Se todos trabalham e compartilham as despesas, tudo vai bem; mas, se alguém não colabora, os demais deverão arcar com as consequências, com as irresponsabilidades da maioria.

Na Igreja acontece a mesma coisa. Quantas vezes vamos à igreja e ouvimos o padre pedir dinheiro: uma contribuição para comprar cadeiras que estão faltando no salão paroquial, no centro de catequese, ou para reformar a igreja, pagar água, luz, impostos etc. Muitos pensam, ainda, que na igreja tudo é de graça.

Pensam como se pensava antigamente, quando a maioria do povo morava na roça, e o vigário ia de vez em quando celebrar a missa na capela rural. Naquele tempo, era assim. Hoje, as coisas mudaram. A maior parte das pessoas mora na cidade, que tem outra dinâmica, outros custos de vida; isso implica um orçamento mensal, muitas vezes, pesado para a paróquia.

Já ouvimos comentários deste tipo: "não colaboro porque o padre anda de carro, tem uma boa casa paroquial. O padre tem uma vida boa". Se a vida do padre é tão boa assim, como dizem, por que será que faltam tantos padres nas comunidades?

Convidamos o leitor a ir à secretaria paroquial para conferir os balancetes dos gastos mensais de sua comunidade paroquial, verificar as entradas e as saídas. Essa é a melhor forma de se corrigir os desvios de más informações.

Infelizmente, essas pessoas são tão acomodadas que nem isso querem fazer, porque sabem que estão falando tolices. O melhor mesmo é quando a pessoa participa da comunidade e sabe de tudo o que se passa ali. Esse é o dizimista feliz e realizado.

Aqueles que se queixam – embora não saibam de que maneira é utilizada a contribuição do dízimo –, na realidade, ainda não conseguiram optar séria e conscientemente pelo dízimo. Por essas razões não é aconselhável receber dízimos de pessoas que não participam da comunidade. Elas dificilmente irão entender o dízimo como comunhão e participação.

Seja um dizimista consciente e colabore com 10%! Essa é a regra e o procedimento. Se o contribuinte não for consciente nem tiver consciência de seu gesto, acabará deturpando a experiência, e seu dízimo se tonará, apenas, uma forma de se captar recursos. E não desejamos justamente isso. Outra dica: é aconselhável que a comunidade tenha uma equipe de agentes de Pastoral do Dízimo, aqueles que colaboram na conscientização do dízimo.

A contribuição do dízimo deve ser consequência de um trabalho de conscientização. Na maioria das vezes, o padre não tem necessidade de insistir, exageradamente, na contribuição do dízimo, porque a equipe de agentes deve fazer esse trabalho. O padre, no caso, deve dar todo o apoio à equipe, que deve ser um grupo de pessoas de confiança do pároco e da comunidade.

Em muitas comunidades, elege-se o costume de fazer um quadro com as somas das contribuições mensais; outras apresentam, mensalmente, a soma total das despesas e das entradas; outras imprimem um informativo para os dizimistas... Enfim, cada comunidade deve "criar" uma forma de sensibilizar os dizimistas e aqueles que ainda estão em dúvida.

A orientação, acreditamos, é a melhor maneira de formar a consciência do dizimista real ou em potencial. O que não podemos admitir é uma Igreja que passe a vida inteira pedindo, pedindo, pedindo... Deve chegar o tempo da maturidade comunitária; então perceberemos que o que é comunitário é nosso e que somos responsáveis pela caminhada da comunidade.

Algumas conclusões sobre o dízimo

Podemos, ainda, meditar, em algumas conclusões, sobre o dízimo no livro do Deuteronômio. Vejamos a forma pedagógica de oferecer o dízimo ao Senhor:

> Quando tiveres entrado na terra que o Senhor, teu Deus, dá a ti em herança e ali te tiveres estabelecido, tomarás as primícias de todos os frutos do solo, que colheres na terra que te dá o Senhor, teu Deus, e, pondo-os em um cesto, irás ao lugar escolhido pelo Senhor, teu Deus, para aí habitar seu nome. Apresentar-te-ás diante do sacerdote, que estiver em serviço naquele momento, e lhe dirás: "Reconheço hoje, diante do Senhor, meu Deus, que entrei na terra que o Senhor tinha jurado a nossos pais nos dar". O sacerdote, recebendo o cesto de tua mão, deporá diante do altar do Senhor, teu Deus (Dt 26,1-4).

Essa é a forma indicada por Deus para que ofereçamos o dízimo: tomarmos as primícias do que ganhamos e as entregarmos ao sacerdote. Ele as recebe e coloca diante do altar. Eis o gesto significativo: tomar – receber – colocar no altar. Com esse gesto, fazemos nossa profissão de fé na Palavra e na ação de Deus em nossa vida. E podemos, então, encaixar-nos no trecho seguinte:

> Meu pai era um arameu prestes a morrer, que desceu ao Egito com um punhado de gente para ali viver como forasteiro, mas eles tornaram-se ali um povo grande, forte e numeroso. Os egípcios afligiram-nos e oprimiram-nos, impondo-nos uma penosa servidão. Clamamos então ao Senhor, o Deus de nossos pais, e ele ouviu nosso clamor (v. 5-7).

É esse o segundo momento: proclamar que Deus é Rei e Senhor e ouve nossa voz. De que forma fazemos isso? O texto indica: "O Senhor tirou-nos do Egito com sua mão poderosa [...] e deu-nos esta terra que mana leite e mel. Por isso trago agora as primícias dos frutos do solo que me destes, ó Senhor" (v.7b.9b-10a). Oferecemos, então, a Javé, o Senhor nosso Deus, os primeiros frutos. Quais? Uma parte de nosso salário mensal. E pedimos que nos abençoe. Depois desse gesto, nós nos prostramos em sua presença (cf. v. 10b). "Depois, alegrar-te-ás de todos os bens que o Senhor, teu Deus, tiver dado a ti e a tua casa" (v. 11a).

Você observou, no início, a forma como o dízimo deverá ser dado ao Senhor?

O texto continua falando de outras formas de contribuir com o dízimo em nossa vida cristã:

> Quando tiveres acabado de separar o dízimo de todos os teus produtos, no terceiro ano, que é o ano do dízimo, e o tiveres distribuído ao levita, ao estrangeiro, ao órfão e à viúva, para que tenham em tua cidade de que comer com fartura, dirás em presença do Senhor, teu Deus: "Tirei de minha casa o que era consagrado para o dar ao levita, ao estrangeiro, ao órfão e à viúva, como me ordenastes: não transgredi nem omiti nenhum de vossos mandamentos" (v. 12-13).

Qual é, para nós, esse dízimo trienal? Com certeza, podemos afirmar que é o 13º salário que recebemos anualmente e nosso acúmulo em poupança. Medida difícil? Com certeza! O livro continua falando da confissão de fé diante de Deus (cf. v. 13-15). É um texto muito difícil de aceitar, mas é muito verdadeiro: "Obedeci à voz do Senhor, meu Deus, e conformei-me inteiramente a vossas ordens. Olhai de vossa santa morada, do alto dos céus, e abençoai vosso povo de Israel e a terra que nos destes [...] terra que mana leite e mel" (v. 14b-15). É simplesmente admirável! A promessa de Deus é de bênção para todos aqueles que são fiéis a sua aliança, a sua Palavra. O que é a bênção nesse caso? É a promessa de uma terra que produz leite e mel.

Mas o texto não termina por aí. "Hoje, fizeste o Senhor, teu Deus, prometer que ele seria teu Deus, e que andarias em seus caminhos, observando suas leis, seus mandamentos e seus preceitos e obedecendo-lhe fielmente" (v. 17).

Todo esse trecho do Deuteronômio retoma o capítulo 14, versículos de 22 a 29, em que também aparece a pedagogia de Deus. Confira o texto e você vai ver que o verdadeiro culto, o qual Javé quer, é a justiça, e ela se torna concreta na partilha dos bens.

O dízimo é uma forma de corretivo das injustiças. Imagine você: se somos injustos com a Palavra, não lhe dando atenção, descumprindo-a, quanto mais não o seremos com as relações sociais desiguais entre nós? O dízimo, no culto, torna-se um grande fator pedagógico, orientador, pois ensina o povo a formar uma sociedade na qual todos têm acesso aos bens da vida.

O texto fala dos deserdados, dos excluídos: órfãos, viúvas, migrantes etc. Por qual razão? Para nos indicar que Deus não quer isso. Ao instituir o dízimo, Moisés, por ordem de Deus, estava contrabalançando as relações entre as pessoas.

2ª lição
Dízimo: uma experiência de oração partilhada

Como refletimos nas páginas anteriores, o dízimo é sinal de uma grande experiência com o Deus da vida. Sem essa experiência, não há possibilidade de compreender o dízimo comunitário e colaborar com ele. A maioria das pessoas, inclusive grande parte dos católicos, desconhece esse benefício que a Palavra de Deus nos oferece gratuitamente.

Na verdade, isso é uma deficiência na espiritualidade cristã católica. Um povo ligado sumariamente à religiosidade popular não tem condições suficientes para ceder à ação operante da Palavra e se converter. A religiosidade popular, nesse sentido, é frágil.

O dízimo, no entanto, é uma forma de oração; é uma expressão de oração, que deve ser buscada e encontrada; caso contrário poderá tornar-se um negócio (econômico) com Deus, e não é esse nosso interesse.

Quando entregamos o dízimo à Igreja, fazemos em forma de oração. O dízimo se reveste de ofertório: um grande ofertório, no qual oferecemos nossas dádivas, nossas primícias (as primícias de nosso salário mensal). É o momento de fazermos um grande louvor ao Deus da vida, que é também o Deus da abundância, e de expressarmos que nada nos está faltando e temos a alegria de levar ao Senhor nosso dízimo, para que Ele possa operar na comunidade cristã.

Nesse momento, revestimo-nos de grande alegria, porque o Senhor nos deu o suficiente e podemos retribuir aquilo que é dele e que ele tem nos dado gratuitamente por meio de nosso trabalho. E, então, agradecemos ao Senhor termos tido essa chance, essa oportunidade de bendizer e de agradecer. Com isso, entendemos que somos, apenas, administradores das "riquezas de Cristo". O dízimo é encarado dessa forma. O dizimista aprende a fazer esse modo de proceder, à medida que vai se colocando à disposição da graça de Deus. De pouco em pouco, até o sempre...

Dízimo: gesto de partilha

No Brasil há muita miséria, muita pobreza. Por meio do dízimo, fazemos um gesto de gratuidade, agradecendo tudo o que temos e lembrando-nos de todos aqueles que não têm o suficiente para viver com dignidade. Nesse sentido, o dízimo se reveste de uma grande oração de partilha, quando temos condições de observar que ele servirá de benefício para comunidade, porque ela reverterá aquele dízimo em auxílio aos pobres, aos mais necessitados, aos excluídos da comunidade. Portanto, o dízimo não é meu, mas, sim "nosso dízimo".

Ao entender isso, estamos descobrindo que tudo o que temos é de todos – e isso é dádiva, é bênção, é prosperidade divina acontecendo em nossa vida.

Quando entendermos bem o dízimo, poderemos rezar o Pai-Nosso. Tudo é nosso: o Pai, minhas economias, meus filhos, minha comunidade... A oração nasce dessa consciência de partilha, que é própria do cristão.

Na Bíblia está bem claro que a fraternidade se realiza na partilha, como verificamos em 2Cr, 31. O mesmo gesto pode ser conferido na oração de Jesus: o Pai-nosso. Jesus nos ensina a pedir "o pão nosso de cada dia" (Mt 6,11).

A multiplicação dos pães também é um gesto de majestade. Em ambos os textos, a "sobra" não pertence a ninguém; é de todos, é da comunidade (cf. Mt 14,13-21; 15,29-39). Certamente, não é fácil acertar e conviver com essa proposta de Jesus. Aqui, reside muita exigência para todos.

Aos poucos, o dizimista vai se educando, pois a contribuição do dízimo depende de um processo de amadurecimento e, mensalmente, deve ser pensada e refeita. Esta é a dificuldade de muitos: ser perseverante.

Os primeiros cristãos eram perseverantes em todos os aspectos: "na doutrina dos Apóstolos, nas reuniões em comum, na fração do pão e nas orações" (At 2,42). O texto apresenta, depois, um detalhe importante: "De todos eles se apoderou o temor, pois, pelos Apóstolos, foram feitos também muitos prodígios e milagres" (v. 43a). A comunhão, na comunidade apostólica, é um dom de solidariedade. Como dizem alguns exegetas: o "meu" se torna "nosso"!

Um dízimo sem o "temor do Senhor" é um dízimo inútil ou de pouca valia. É impossível ficarmos passivos diante de tantas maravilhas que o Senhor tem operado na vida dos dizimistas sinceros. A experiência de oração com Deus leva-nos a enxergar os sinais que estão faltando em nossa vida cristã. O que o Apóstolo Paulo disse:

> Não se aflijam com nada; ao invés disso, orem a respeito de tudo; contem a Deus as necessidades de vocês, e não se esqueçam de agradecer-lhe suas respostas. Se fizerem isso, vocês terão experiência do que é a paz de Deus, que é muito mais maravilhosa do que a mente humana pode compreender. Sua paz conservará a mente e o coração de vocês na calma e tranquilidade, à medida que vocês confiam em Cristo Jesus (Fp 4,5-7).

A oração tem o poder de transportar montanhas (cf. Mt 21,21). Por isso o dizimista deve ter uma oração limpa, de integridade, de perdão, de cura interior, de libertação, enfim. Sem esses elementos, o dízimo é insuficiente, por mais que o contribuinte dê 10% mensalmente.

Já ouvimos expressões: "Contribuo, mas nada muda em minha vida!" Esse é um mau sinal: é sinal de que muitas coisas deveriam ser mudadas na vida cristã dessa pessoa. Muitos não vivem no caminho da Lei do Senhor ou, então, querem manipular a Deus, "comprando-o" com o dízimo.

Jesus ensina o seguinte: "Se estás, portanto, para fazer tua oferta diante do altar e te lembrares de que teu irmão tem alguma coisa contra ti, deixa lá tua oferta diante do altar e vai primeiro reconciliar-te com teu irmão; só então vem fazer tua oferta" (Mt 5,23-24). Não adianta querer manipular Deus, porque não vai funcionar. Deus não se usa em benefício próprio para "tapar buraco"! Esse caminho é bastante enfadonho para o dizimista. Mas não há outro...

Outros elementos contribuem para que o dízimo se torne uma oração eficiente na vida do dizimista. Não é verdade que muitos não são dizimistas por medo de perder aquilo que têm? Por esse fato, tornam-se mesquinhos e dão um dízimo irrisório e, ainda por cima, querem cobrar de Deus. "Não vos preocupeis por vossa vida" (Mt 6,25a).

Essa deve ser a busca fundamental de todo contribuinte. O dizimista deve aprender, por meio da Palavra, que Deus não é "quebra-galho", que o dízimo não é qualquer coisa. Deus é verdade; ele não nos engana; sua Palavra é fiel por todas as gerações. Se Deus tem uma promessa, é para ser "utilizada", "experimentada" por nós.

Dízimo: uma forma de oração

A busca da oração por meio do dízimo supõe procurar o Reino de Deus e sua justiça e, a partir disso, obter a recompensa final. Mas isso deve ser buscado livre e espontaneamente, sem receio de que a contribuição irá fazer falta (cf. Mt 6,31-34).

A sociedade, os meios de comunicação social, e mesmo a família, e a Igreja não nos têm ensinado essa verdade fundamental. Nosso tempo é de crise, de incerteza. Isso nos tira o sossego e a chance de pensarmos na ação da graça de Deus em nossa vida.

Muitos anos atrás, falavam-se em "providência divina", lembra-se? Hoje, quantos se aventuram a usar essa expressão? Aqueles que a utilizam, por vezes, não se adaptam à expressão Bíblica e ficam mordendo outros conceitos para convencer seu público. A grande tentação é pensarmos que "as coisas de Deus mudaram"! Deus não muda. Sua providência continua a mesma. Assim mesmo, muitos ainda pensam que a Igreja mudou, os padres mudaram, os leigos mudaram... Isso vai mostrando que a maioria do povo católico vive infeliz e não se realiza; não tem prazer de viver a Palavra de Deus em seu dia a dia. Muitos querem ser "dizimistas aventureiros". São aqueles que ouvem algumas experiências de vida e, depois, voltam para casa pensando: "Ah! Eu também vou ser dizimista. De uma maneira ou de outra, o dízimo dá sorte!"

Não é esse o caminho para a realização e sucesso do dízimo, que implica um coração livre para amar e, de certa forma, dilacerado pela compaixão humana, depois de uma profunda experiência de Deus. Nesse sentido o dizimista é ouvido (cf. Sl 62). Como diz o salmista: "Que minha oração suba até vós como a fumaça do incenso, que minhas mãos estendidas para vós sejam como a oferenda da tarde" (Sl 140,2). Essa é uma excelente oração para os dizimistas não se deixarem seduzir pela tentação de colaborar com um dízimo qualquer.

Enfim, poderíamos ir desfilando vários textos da Bíblia sobre esse emergir da oração por meio do dízimo.

"Senhor, ouvi minha oração; pela vossa fidelidade, escutai minha súplica [...]. Desfalece-me o espírito dentro de mim, gela-me no peito o coração. Lembro-me dos dias de outrora [...]. Estendo para vós os braços; minha alma, como terra árida, tem sede de vós. [...] Não me oculteis vossa face [...]. Fazei-me sentir, logo, vossa bondade [...]. Mostrai-me o caminho [...]. Ensinai-me a fazer vossa vontade [...], pois sou vosso servo" (cf. Sl 142,1a.4-5a.6.7b.8a.c.10a.12b).

Assim poderemos fazer a experiência de Deus a partir de nosso dízimo... Acreditemos que a Palavra de Deus é sempre verdadeira, fiel e eficaz!

3ª lição
Diferença entre dízimo, oferta e esmola

Muitos se confundem quanto à diferença entre dízimo, oferta e esmola. O dizimista – o cristão em geral – deve estar atento à diferença que existe entre essas expressões. Uma não supõe a outra. Ao contrário, uma exclui a outra. Muitos poderão, inclusive, estranhar! Mas é isso mesmo! Vamos, por partes, distinguindo-as da seguinte forma:

Dízimo
É a décima parte que ofereço a Deus e, em nosso caso, à Igreja. Dízimo deve ser dízimo e não meia medida. Nesse particular, devemos obedecer à Palavra. Ela diz 10%, e não mais ou menos de 10%. Inclusive, podemos oferecer mais de 10%, dependendo de nossa condição, generosidade e abertura de coração.

A porcentagem [%] é um dos primeiros conceitos do dízimo. Pensar no número 10 como parte do dízimo não é equívoco, mas é preciso entendê-lo como perfeição, plenitude.

O segundo não se refere à porcentagem alguma; nasce da experiência que o dizimista deve ter com Deus. O Documento da CNBB 106, sobre o dízimo, diz: "por meio do dízimo, que é uma contribuição motivada pela fé, os fiéis vivenciam a comunhão, a participação e a corresponsabilidade na evangelização" (n. 6).

O dízimo é uma forma estipulada e educativa para levar o povo a se lembrar, concretamente, de Deus na época das colheitas e das crias dos rebanhos. Em nosso caso, como vivemos na cidade e somos assalariados, nosso dízimo é mensal. Em todos os meses devemos "separar" aquilo que pertence ao Senhor. Como já temos nos referido: 90% são nossos e 10% são de Deus. Lembra-se de Malaquias? As Diretrizes do dízimo, no Documento da CNBB, assim o configura e indica sua práxis de três modos:

> A contribuição para o dízimo é sistemática. Isso significa que ela é estável, assumida de modo permanente. Do ponto de vista da forma, ela se realiza, é também periódica, podendo ser mensal ou estar ligada às colheitas ou à venda de produtos, sendo realizada na ocasião em que se recebe o salário ou outros tipos de ganho (Doc. CNBB 106,11).

Oferta

A oferta também deve ser feita a partir de um trabalho de conscientização. Oferta não é qualquer coisa que ofereço a Deus, à Igreja. É um modo de colaborar que envolve uma motivação e caminha nas sendas da solidariedade.

Uma história clássica se encontra no Gênesis, na bela narração de Caim e Abel (cf. Gn 4,1-24). Abel era pastor, e Caim era cultivador da terra (lavrador). Caim ofertou ao Senhor os produtos do solo, e Abel, por sua vez, ofereceu os primogênitos e a gordura de seu rebanho (cf. v. 3-4).

Aqui começa a história. A Bíblia diz que Deus não gostou de Caim e de sua oferta, mas se agradou da oferta de Abel. Aparentemente, uma história muito simples, mas cheia de revelação. O texto bíblico diz que Deus abençoou Abel, e Caim, magoado, decepcionado com Deus, acabou matando seu irmão (cf. v. 8).

É comum encontrarmos pessoas que, ao fazerem suas ofertas, agem como Caim. A oferta deve ser bem-feita, e não pela metade como fez Caim. Deus abençoa todo aquele que faz uma oferta sincera. São Paulo fala da oferta espontânea que nasce do coração aberto e livre para amar a comunidade (cf. 2Cor 9,7).

A oferta deve ser a melhor coisa que temos a dar. Não pode ser uma oferta "magra", sem muito valor. Muitos, quando vão à missa, entregam, no momento do ofertório, uma "ofertinha" irrisória. Não deve ser assim. Os católicos devem ser também educados em ofertar o melhor de si nesse momento. O livro do Êxodo diz: "Não tardarás a oferecer-me as primícias de tua colheita e de tua vindima" (Êx 22,29a).

O texto nos lembra de que tudo o que temos vem de Deus, tudo é dádiva divina, é dom de Javé. O Senhor Jesus criticou os fariseus que faziam sua oferta com má disposição de coração: "Levantando os olhos, viu Jesus os ricos que deitavam suas ofertas no cofre do templo. Viu também uma viúva pobrezinha deitar duas pequeninas moedas" (Lc 21,1ss).

Jesus a elogia e "mostra que, em uma sociedade que acredita em Deus, vigoram não relações econômicas baseadas no supérfluo, mas relações de doação total, que não se prendem a seguranças pessoais"[2]. Neste mundo de tantos pedintes, vamos nos desacostumando a dar uma oferta mais valiosa. Isso transferimos para a Igreja. É bom vigiarmos nossas ofertas. Recai sobre nós a palavra do apóstolo Paulo: "Aquele que semeia pouco, pouco ceifará. Aquele que semeia em profusão, em profusão ceifará. Dê cada um conforme o impulso de seu coração, sem tristeza nem constrangimento. Deus ama o que dá com alegria" (2Cor 9,6-7).

Devemos fazer a oferta de acordo com o impulso do coração. E quem não tem um coração bem-disposto, educado? Esse nunca irá entender que as ofertas devem ser generosas. Perde a oportunidade de fazer, das ofertas, uma libação (*ato de culto a Deus*) pelos pecados. É o que fez Jacó. "Então, Jacó erigiu uma coluna de pedra no lugar onde Deus falara com ele; e derramou sobre ela uma libação e lhe deitou óleo" (Gn 35,14).

---

[2] Cf. *Bíblia Sagrada*: edição pastoral. 9ª ed. São Paulo: Paulus, 1990, nota de rodapé, p. 182.

Em resumo. O apóstolo Paulo pegou emprestado essa figura (libação), do Antigo Testamento, para falar a respeito de sua iminente morte: "Quanto a mim, estou sendo já oferecido por libação, e o tempo de minha partida é chegado" (2Tm 4,6). Paulo estava querendo dizer que, da mesma forma que a libação era uma oferta derramada e oferecida a Deus, a vida dele também, em breve, seria derramada e oferecida a Deus, ou seja, Paulo via sua morte como um sacrífico agradável a Deus, que estava muito próximo de acontecer.

Esmola

No dicionário encontramos assim registrado o significado da palavra esmola: "O que se dá aos necessitados, por caridade ou filantropia; óbolo, espórtula. Auxílio, amparo; benefício. Donativo em dinheiro, que se faz ao padre durante a celebração da missa"[3].

Dessas definições podemos ir tirando as conclusões sobre a ideia que a maioria do povo tem sobre as esmolas. Inclusive, o dicionário confunde espórtula (aquilo que o padre recebe pelas celebrações e que vem a ser seu ganho de pão) com esmola propriamente dita.

A esmola é uma prática muito antiga em todas as religiões, particularmente dentro do judaísmo. Posteriormente, no cristianismo, a esmola adquiriu um caráter diferente. Ela tem seu lado santo, sagrado. A esmola brota de um coração misericordioso que quer levar um pouco de consolo aos que padecem necessidade, ou contribuir com meios econômicos para a manutenção da Igreja e das obras boas em favor da sociedade. É uma prática que leva ao desprendimento e prepara o coração para entender melhor os planos de Deus.

---

[3] Cf. Ferreira, Aurélio Buarque de Holanda. *Novo Dicionário da Língua Portuguesa*. 2ª. ed. Rio de Janeiro: Nova Fronteira, 1986.

Nossas esmolas devem ser dadas abundantemente, em proporção a nossos bens. Assim fez e nos ensinou Tobias, o mais generoso em dar esmolas: se tiveres muito, dá abundantemente; se tiveres pouco, dá desse pouco de bom coração (Tb 4,9). E o apóstolo ensina que as esmolas devem ser dadas, não com avareza, mas para alcançar a bênção. São João Crisóstomo acrescenta: "não apenas dar, mas dar abundantemente; isso é esmola". E, no mesmo sermão, repete: "aqueles que desejam ser ouvidos por Deus, quando dizem 'tenha piedade de mim, oh Deus', de acordo com a divina misericórdia, devem ter misericórdia para com os pobres, na medida de suas posses".

Jesus, ao desmascarar a hipocrisia dos fariseus, assim se refere às esmolas: "Dai antes em esmola o que possuís, e todas as coisas vos serão limpas" (Lc 11,41). Jesus faz uma crítica severa a todo grupo de fariseus, que se escondia atrás das falsas esmolas, para desviar a atenção daquilo que era mais importante: a justiça.

A esmola não pode esconder as maldades, os roubos e a falsa religiosidade. Por detrás da esmola, está o princípio da justiça, que vem antes do gesto de ofertar uma esmola. Muitos exploram, extorquem e, depois, para apaziguar a consciência, querem "comprar" Deus com uma esmola. Quando Jesus prega sobre a esmola (ou mesmo sobre a oração e o jejum), não está fazendo uma recomendação para a vida cristã. Imagine: se isso fosse regra cristã, seríamos os mais infelizes do mundo!

A esmola, no entender de Jesus, é algo que vai além dessas práticas, para definir o que constitui uma atitude autenticamente religiosa. A esmola, não só do supérfluo, mas também do necessário é uma obra de misericórdia gratíssima para o Senhor, que não deixa de ser recompensada. "Uma casa caritativa jamais será pobre", costumava repetir o santo Cura d'Ars.

As indicações de Jesus

Jesus tem palavras acertadas sobre o dever das esmolas. Devemos dar esmolas com pura intenção de agradar a Deus e não de obter reconhecimento humano. Santo Agostinho expõe esta passagem: a mão esquerda significa a intenção de dar esmolas para obter honras mundanas e outras vantagens temporais; a mão direita significa a intenção de conceder esmolas para ganhar a vida eterna, ou para glória de Deus, e por caridade ao próximo.

Vamos conferir o texto abaixo:

> Quando, pois, dás esmola, não toques a trombeta diante de ti, como fazem os hipócritas nas sinagogas e nas ruas, para serem louvados pelos homens. Em verdade, eu vos digo: já receberam sua recompensa. Quando deres esmola, que tua mão esquerda não saiba o que fez a direita; assim a tua esmola se fará em segredo, e teu Pai, que vê o escondido, recompensar-te-á. Quando orardes, não façais como os hipócritas, que gostam de orar de pé nas sinagogas e nas esquinas das ruas, para serem vistos pelos homens. Em verdade eu vos digo: já receberam sua recompensa. Quando orares, entra no teu quarto, fecha a porta e ora a teu Pai em segredo; e teu Pai, que vê em um lugar oculto, recompensar-te-á.
> [...] Quando jejuardes, não tomeis um ar triste como fazem os hipócritas, que mostram um semblante abatido, para manifestar aos homens que jejuam. Em verdade eu vos digo: já receberam sua recompensa. Quando jejuares, perfuma a tua cabeça e lava o teu rosto; assim, não parecerá aos homens que jejuas, mas somente a teu Pai que está presente ao oculto; e teu Pai, que vê em um lugar oculto, recompensar-te-á (Mt 6,2-6.16-18).

Ao lermos esses versículos, vamos notando certas diferenças ou nuanças.

Os primeiros versículos de cada parágrafo terminam com um solene: "Em verdade vos digo: já receberam sua recompensa". A segunda parte de cada um deles: "E teu pai, que vê o escondido, recompensar-te-á".

Nossa preocupação é agradar a Deus ou conquistar a estima dos homens para satisfazer nossas vaidades humanas? O Evangelho não tacharia de hipócritas certas atitudes esmolantes, se elas não fossem para se passar como (mais) religioso. As esmolas, normalmente, são para sustentar as vaidades, como vemos comumente acontecer com políticos, empresários, artistas etc. Quando Jesus fala do "segredo" das esmolas, é para não humilhar o pobre, a quem se dá.

"Apraz-me recordar o episódio do velho Tobias que, depois de ter recebido uma grande quantia de dinheiro, chamou seu filho e instruiu-o com estas palavras: 'Dá esmola dos teus bens, e não te desvies de nenhum pobre, pois, assim fazendo, Deus tampouco se desviará de ti' (Tb 4,7-8). São palavras muito sábias que ajudam a compreender o valor da esmola", disse o Papa Francisco.

Um texto maravilhoso, para ilustrarmos nossa reflexão, encontramos no exemplo do centurião Cornélio, em Atos 10: "Era religioso: ele e todos os de sua casa eram tementes a Deus. Dava muitas esmolas ao povo e orava constantemente" (v. 2). "As tuas orações e as tuas esmolas subiram à presença de Deus" (v. 4b). "A tua oração foi atendida, e Deus se lembrou de tuas esmolas" (v. 31).

Podemos retomar o início de nossa reflexão sobre a esmola. Dizíamos que há muitos desvios. O termo esmola, do equivalente hebraico *çedakár*, tem uma significação muito mais ampla: abrange o campo da justiça, isto é, o reconhecimento dos direitos de Deus. O termo grego *eleemosiné* designa uma disposição de piedade e compaixão antes de fazer um donativo, que é apenas a consequência.

As ofertas, os dízimos e as esmolas têm repercussão na vida prática do cristão. É necessário ficarmos atentos a essas práticas. Todas elas devem ser muito bem pensadas, meditadas e colocadas em ação. É muito simples irmos à igreja, encontrarmos um pobre... darmos uns trocados. Isso faz pensar!

4ª lição
O dízimo dos "filhos do rei"

É um título estranho? O que você acha? Os cristãos merecem esse título? Todos ou alguns que se aproximam dele? Alguém pode ficar excluído dessa titularidade? Um filho de Deus pode ser considerado como "filho do Rei"? De certa forma somos "filhos de Deus", mas o certo é que somente Jesus é Filho de Deus, e nós o somos por relação de afetividade. Vamos pensando ou imaginado os prós e os contras...

É curioso que, nas redes sociais, as pessoas chamem suas mães de rainha, os pais de reis e as filhas de princesas. Na vida prática, já não é assim. Alguma coisa está errada, então... O que é aconselhável imaginar é que rei não tem vida fácil e não é um título romântico como alguns imaginam na vida sentimental. O rei, também, tem suas preocupações e uma vida difícil!

Sim! Somos filhos do Rei (sem aspas). Se você nunca havia pensado nisso, comece a pensar de agora em diante... Certamente, existem algumas exigências, ou diferenças, ou esforços para se chegar a isso... Em regra geral, somos todos filhos do Rei!

Somos filhos do Rei, se pensarmos em nosso batismo. O batismo nos indica três funções: sacerdote, profeta e rei. Essa é uma filiação de pertença, de fecundidade. O filho não é inferior. Ele tem a mesma dignidade, porque tem a filiação. Paulo escreveu aos Romanos: "E, se somos filhos, somos também herdeiros: herdeiros de Deus e coerdeiros de Cristo, uma vez que sofremos com ele, para também com ele sermos glorificados" (Rm 8,17).

E nos fez reis e sacerdotes para Deus e seu Pai;
a ele glória e poder
para todo o sempre. Amém (Ap 1,6).
O Senhor Jesus nos
fez reis e sacerdotes, como afirma a
Palavra de Deus.

Não foi essa a promessa de Deus a Abraão? "O Senhor apareceu-lhe e disse-lhe: 'Eu sou o Deus Todo-Poderoso. Anda em minha presença e sê íntegro; quero fazer aliança contigo e multiplicarei ao infinito tua descendência'" (Gn 17,1b-2). E Deus continuou: "Tornar-te-ei extremamente fecundo, farei nascer de ti nações e terás reis por descendentes" (v. 6). "Ele será o pai de doze príncipes, e farei sair dele uma grande nação" (v. 20b).

A palavra rei nos dá a ideia de proteção, de confiança, de bênção e de fartura. Ao dizimista, essa é uma promessa que lhe é dirigida. O dizimista precisa se prover dessa ideia e se sentir escolhido nessa "aventura" para o encontro com o Rei dos reis.

Durante a avaliação que o livro de Samuel faz sobre o passado, a certa altura, o autor alerta o povo: "Não vos afasteis dele para seguirdes coisas vãs, que não salvam nem livram, porque são vãs [...]. Temei, pois, ao Senhor e servi-o em verdade e de todo o vosso coração, considerando as maravilhas que ele fez por vós" (v. 21.24).

Não é magnífico ser filho do Rei? Isso implica uma grande fidelidade do dizimista, que é aquele que caminha na trilha do temor do Senhor. O temor é uma atitude de reverência, de juramento e de voto. Só a Deus podemos fazer isso. A compreensão de ser filho do rei não é a de moleza, da facilidade, mas de dureza para se cumprir com as obrigações da vida cristã.

Advertências aos filhos do Rei

O texto bíblico que vimos fala dos ídolos. No entanto, muitos católicos hoje se consagram aos exus, à iemanjá, aos caboclos, aos pretos velhos, a entidades mortas, que não dão vida. A maioria dos católicos é supersticiosa, cheia de medo "do além". Outros vivem atrás de benzedeiros, do espiritismo, de jurê, da umbanda, do candomblé etc. Muitos ainda acreditam em carma, em reencarnação, em que nada dá certo devido a entidades que os atrapalham.

Os filhos do Rei acreditam que nada dá certo devido ao pecado que reina em nossa vida, em nossa família, em nossa sociedade adormecida na idolatria. Certas pessoas cuidam mais dos ídolos que da purificação pela fé no único e exclusivo Deus de Jesus Cristo.

Não vivem como filhos do Rei aqueles que, para se assegurarem da "sorte", andam com amuletos, com trevos, com cruzes de Caravaca[4], com correntes de oração, atrás de jogos de azar... Os mais modernos vivem em busca de chakras, de mantras, de seicho-no-iê etc. Enfim, poderíamos escrever páginas sobre cultos idolátricos que atrapalham a caminhada da vida cristã.

Muitos gastam rios de dinheiro para se virem livres dos feitiços. Nós, cristãos, não gastamos nada para nos vermos livres do pecado! Na umbanda o "trabalho" é pago. Cristo dá de graça! Os filhos do Rei são extremamente privilegiados.

É importante dizer que não temos nada contra o tipo de consciência religiosa de alguns e, aqui, estamos nos dirigindo aos católicos de tradição cristã.

---

[4] Cruz de Caravaca. Amuleto originado em Caravaca, na Espanha. A Cruz de Caravaca, também conhecida como Cruz de Lorena e Cruz de Borgonha, é uma relíquia cristã de origem espanhola. Segundo a tradição, apareceu por milagre na cidade de Caravaca de la Cruz, Espanha, em 3 de Maio de 1232 e, por conter fragmentos do lenho da cruz de Cristo, eram-lhe atribuídos muitos milagres. Embora seja de tradição cristã, na maioria das vezes, é utilizada como amuleto de superstição em algumas doutrinas heréticas.

O caminhar de um dizimista deve ser limpo das superstições que povoam muitas mentes "católicas". Depois dessas contradições, que não contribuem para o crescimento dos filhos de Deus, vamos ao livro dos Salmos para conferir o que ele nos ensina.

O Salmo 9 menciona que Deus não se esquece dos pobres e que "o Senhor é rei eterno" (v. 37). Os pobres devem tomar consciência de sua própria situação e convocar Deus para dar eficácia a sua luta. O Senhor nos responde quando clamamos a Ele (cf. Sl 19,10). O dizimista confia nessa palavra e tem ou deverá ter a firme convicção de que seu dízimo será sempre abençoado.

O Salmo 23 é um magnífico hino de louvor ao Rei da glória. É uma procissão litúrgica, que termina com um diálogo litúrgico na porta de Jerusalém, para celebrar a conquista: "Levantai, ó portas, vossos frontões; levantai-vos, ó pórticos antigos, para que entre o rei da glória! [...]. Quem é este rei da glória? – É o Senhor dos exércitos, é ele, o rei da glória"! (Sl 23,7.10).

Não é um hino magnífico? É um caminho de espiritualidade para todo dizimista. O dizimista medita esse Salmo e se coloca, mensalmente, nesse caminho. Quando somos fiéis ao dízimo, os caminhos se arredam, as portas se abrem e as bênçãos são derramadas, como nos diz o profeta Malaquias (cf. Ml 3,10). Os filhos do Rei nunca ficarão envergonhados! É questão de experiência!

Nessa caminhada de experiência, os filhos do Rei vão aprendendo que "o Senhor preside ao dilúvio, o Senhor trona como rei para sempre. O Senhor há de dar fortaleza a seu povo! O Senhor abençoará seu povo, dando-lhe a paz!" (Sl 28,10-11).

O dilúvio é a expressão de uma história turbulenta e agitada daqueles que não conhecem ao Senhor. O dizimista, quando faz a experiência de Deus, sabe que o Senhor é o

Senhor da história, da natureza e o aliado que lhe dá força e paz. O Senhor tudo governa e indica o melhor caminho para seus filhos.

O Salmo 43, retomando a história do patriarca Jacó, assim se expressa: "Meu Deus, vós sois meu rei, vós que destes as vitórias a Jacó. [...]. Não foi em meu arco que pus minha confiança, nem foi minha espada que me salvou. Mas fostes vós que nos livrastes de nossos inimigos [...]. Era em Deus que em todo o tempo nos gloriávamos, e seu nome sempre celebrávamos" (v. 5.7-8a.9). Assim deve viver o dizimista: cheio de júbilo pela vitória e prosperidade alcançadas. Como o patriarca Jacó, ele confia na Palavra do Senhor e tem a absoluta certeza de que tudo vai dar certo em sua caminhada na contribuição do dízimo.

Acreditamos que devemos retomar a ideia do dízimo dos filhos do Rei.

É impossível tanta pobreza, tanta miséria e tanta ignorância religiosa em um país cheio de riquezas e repleto de religiosidade. O que está errado conosco? O que devemos refazer na vida cristã? Qual o caminho seguir? O que devemos deixar para trás? O que podemos comungar? O que devemos excluir da vida diária?

São questões que devemos partilhar, com calma e seriedade cristã, diante de Deus e de nossa opção de vida cristã. Claro que nos têm faltado uma "boa" catequese e uma evangelização à altura da construção de uma Igreja lúcida e operante. Os leigos precisam tomar as rédeas de ação na pastoral, envolvendo as questões pertinentes: mundo e Igreja.

Já ouvimos tantas experiências na vida da Igreja! Anualmente, os bispos se encontram, em Assembleia, para traçar planos de ação pastoral; as paróquias se esforçam para manter a comunidade. Apesar de tantas propostas e tantos planos de pastorais, ainda não conseguimos colocar em prática as ideias, os projetos.

Os governos entram e saem deixando, a cada quatriênio, a nação mais no abismo. Eles governam para si e sem piedade do povo. Não são governos do povo, mas de seus projetos políticos. A ciência faz suas descobertas e não resolve os grandes problemas de saúde, educação, moradia etc.

Vivenciamos conflitos ainda com os jogos de azar, feitos para ganhar muito dinheiro... São rios de dinheiro gastos pelo governo em coisas que não trazem vida para o povo... São rios de dinheiro que se gastam com coisas de segunda monta. Parece que, em tudo que vemos, sobra pouco para o povo. Tudo isso não traz alegria e felicidade à nação. O povo caminha, a exemplo de Caim, cabisbaixo e desanimado.

E os filhos do Rei, como se comportam? Seria possível solucionar, por meio da vida cristã, todo esse drama da humanidade? O dízimo não seria uma boa medida para vivermos mais alegres, felizes e realizados? Os dizimistas não poderiam ter mais consciência social e política? Pois é. Fica o desafio aos filhos do Rei, os quais não devem admitir que esse estado trágico se perpetue! Então, seja um bom dizimista e viva a alegria de ser um bom filho. No Reino de Deus nada está faltando (Sl 22). Muitas vezes, é questão de descobrir o tesouro escondido. Em seu reino, nada falta! Ele deve atingir a mente e o coração. Tudo é fartura, porque é próspero e abençoado!

Enfim, sem terminar ou concluir, Jesus prometeu revigorar as pessoas, aliviar seus fardos (Mateus 11,28-30). Ele cumpriu sua palavra. Deu conselhos amorosos e práticos sobre como lidar com a ansiedade, melhorar relacionamentos, combater o materialismo e encontrar a felicidade (Mateus 5-7). Por ser amoroso, pessoas de todas as classes sociais o achavam acessível. Até mesmo os mais oprimidos afluíam a ele, na certeza de que seriam tratados com bondade e dignidade. Que maravilhoso governante Jesus seria!

5ª lição
A cura pelo dízimo

O dízimo tem curado um dos maiores males da humanidade: o egoísmo, que provém do distanciamento da experiência de Deus e acarreta tantos outros males. O egoísmo é exclusivismo que leva uma pessoa a se colocar como referência a tudo; é orgulho e presunção.

Daniela Corcuero escreve: "Na maioria das vezes, não temos uma grande virtude de generosidade, nem uma sequência de comportamentos egoístas; em geral, estamos em um ponto intermediário, no qual nos movemos, dependendo de vários fatores, entre eles nosso momento vital".

"Egoísmo não é viver a nossa maneira, mas desejar que os outros vivam como nós queremos" (Oscar Wilde). O termo egoísmo faz referência ao amor excessivo, e não moderado, que uma pessoa sente por ela mesma e que a leva a olhar, desmedida e quase exclusivamente, para seus próprios interesses. Portanto, o egoísta não se interessa pela importância do próximo e rege seus atos em função de sua absoluta conveniência.

Temos conhecimento de pessoas que estavam sempre arrasadas por problemas psicológicos muito sérios e que não se livravam do psicólogo e do psiquiatra; de pessoas que viviam à base de calmantes, de medicamentos e que não conseguiam dormir sem tomar um antidepressivo; ou ainda de pessoas constantemente tristes e convictas de que a vida não valia nada etc. E o dízimo, no entanto, libertou-as de todos esses males.

A experiência do dízimo é, de certo, uma terapia para aqueles que se "valorizam", demais, pensando, na maioria das vezes, em si próprios. Experimentar o dízimo liberta a pessoa de seu arrogante egoísmo e da volúpia de pensar em si própria.

Uma pessoa, sumariamente, egoísta dificilmente se encontrará no dízimo; sempre colocará algumas dificuldades em realizar a experiência da partilha. O dízimo traz, em si, a terapia do desapego ou se torna um convite a superar os meandros de uma vida egoísta.

Alguns testemunhos de vida

Dona Maria de Jesus nos contou, por meio de um testemunho, que ela tinha um problema muito sério de útero e que, quando soube disso, se desesperou. Ao recorrer à Palavra de Deus, leu, no livro de Gênesis, capítulo 28, a história do voto de Jacó (cf. v. 20-22). Ela pensou consigo mesma: "Se Jacó conseguiu, por que eu não conseguirei?" Fez o voto ao Senhor e se sentiu curada. O Senhor a libertou de sua enfermidade.

Dona Luísa se dizia triste por muitos e muitos anos. Um dia ela ouviu falar do dízimo e das bênçãos que ele produzia na vida das pessoas e começou a fazer a experiência; sua vida mudou 100%. Hoje ela é muito feliz e transmite às pessoas sua alegria. Hoje ela se considera viva!

Quantas outras experiências ouviram de pais de família que, ao se tomarem dizimistas, tiveram sua vida transformada de forma espetacular. Não houve mais necessidade de médico para seus filhos que viviam doentes. Depois que se tornaram dizimistas, Jesus foi o grande médico e curador da vida deles. Antigamente, não tinham dinheiro para nada, muito menos para o dízimo. O padre sempre falava do dízimo e insistia nessa experiência. Depois de serem dizimistas 10%, o dinheiro não mais acabou e sempre sobrou no fim do mês.

A experiência de Rubens é muito significativa. Ele era alcoólatra. Queimava o dinheiro na bebida e não sobrava nada nem para sua família, quanto mais para o dízimo... Depois que começou a ser dizimista, deixou de beber e, hoje, é um homem feliz, um pai realizado e um cristão engajado na comunidade. Hoje, ele anda de cabeça erguida e sabe o que faz e diz.

Essa é a consequência da prática do dízimo. Ao bom dizimista nada falta. É importante confiar no bom Pastor. Se o dízimo é bíblico, se é orientado pela Palavra de Deus, é porque ele é bom, cura o egoísmo humano.

O dízimo é uma bênção, porque é uma oferta que fazemos a Deus em favor da comunidade. Ofertar é um ato básico de comunicação humana. Há um comprometimento, quando se oferta algo. A base da comunicação é esta: "Uma oferta, uma vez aceita por outra pessoa, passa a ser uma promessa. Portanto, ofertar significa estar disposto a se comprometer em fazer algo por alguém" (Lair Ribeiro).

Nem sempre, no entanto, as pessoas são fiéis a suas promessas. Veja as promessas que os católicos fazem aos santos... Frequentemente, eles não as cumprem. Em geral, as promessas são feitas em momentos de apuro, quando muitas pessoas fazem qualquer coisa para serem atendidas. Depois que se acalmam e voltam ao normal, percebem que fizeram uma "burrada", e aí é tarde demais e não há como abolir a promessa.

Toda promessa implica uma palavra dada, que será questionada. Se você faz promessas e não as cumpre, não só os outros se decepcionam com você, mas você se decepciona consigo mesmo. Se você é fiel ao dízimo, é provável que você tenha feito um voto a Deus.

A pior coisa é o dizimista dar os 10% sem fazer um voto. O dízimo sempre requer esse gesto de compromisso. Não é troca de favores. O voto não implica, necessariamente, um "negócio" com Deus. O voto é livre, espontâneo e, por isso, deve ser feito de forma incondicional e desinteressada, para que ele seja reflexo daquilo que o gerou: o amor. O voto não pode ser desproporcional: nunca irei pedir a Deus o que não mereço; não irei fazer um voto que não tenha condições de cumprir. O voto não pode ser desequilibrado.

Os testemunhos que vimos tinham, em seu íntimo, uma intenção: declarar uma atitude consequente. Esse é o caminho da cura pelo dízimo. Não posso querer ser dizimista se moro debaixo da ponte, se meu orçamento é tão apertado que não consigo me livrar das dívidas etc. Por essa razão admitimos que o dízimo possa curar as pessoas de acordo com o seguinte princípio: "Não se pode ofertar aquilo que não se tem".

Seguindo essa orientação, observamos que, nas histórias narradas, havia possibilidade de cura, pois todas elas tinham terreno preparado para isso. Faltava a iniciativa humana, porque a graça de Deus já estava operando naquelas vidas.

Muitos vivem como São Tomé: precisam ver para crer.

Esse é um caminho inóspito, difícil de fazer a cura acontecer na vida das pessoas. Como muitos afirmam, também há necessidade de mudar o referencial: é preciso crer para ver. A graça de Deus pode mudar as pessoas. A questão é querermos isso para, então, conseguir ver além da fronteira de nossa incredulidade ou de nossa mediocridade.

Como vive e pensa a maioria das pessoas? Muitas raciocinam assim: "Quando eu tiver bastante dinheiro, farei isso e aquilo! Quando eu ganhar mais um pouco, serei um bom dizimista! Se eu ganhar na loteria, irei comprar isso, ajudar naquilo...". E muitos têm esse tipo de comportamento com Deus, com a Igreja, com as obras sociais etc. Essas são pessoas, que nunca prosperarão, ficarão sempre amarradas em seu egoísmo. O que fazemos depende muito daquilo em que acreditamos.

Não é, necessariamente, uma questão de fé; colocar-se a caminho, sim, daquilo que se crê e espera. Essa é a atitude reverencial do dizimista que se coloca à disposição da experiência.

A maioria das pessoas não é sincera consigo mesma e transfere a falta de sinceridade a Deus, pensando que Ele também não é verdadeiro em sua Palavra. A maior parte do povo católico nunca leu a Bíblia. Começa por aí a primeira grande dificuldade em fazer uma opção sincera pelo dízimo. Sendo o dízimo uma experiência bíblica, faz-se necessário um mínimo de compreensão da Palavra para se optar pelo dízimo.

É muito esclarecedor verificarmos como o povo de Israel caminhou na fidelidade aos compromissos assumidos com a aliança. Aprendemos muito por meio da compreensão da Bíblia.

Por que o dízimo não acontece na comunidade?

O dízimo tem arrancado muitas pessoas do erro e da influência de satanás no mundo. Basta olharmos a nossa volta para ver as forças do mal em ação. A sociedade é materialista. Alguns programas de televisão, comerciais, filmes, livros, revistas e músicas promovem a pornografia, a linguagem profana, a promiscuidade sexual, o adultério, a falta de modéstia, a aquisição de dinheiro (fácil) e de poder (sem compromisso), o comportamento abusivo, o desrespeito à autoridade, a ilegalidade (o roubo), o desrespeito à vida, os abortos, o comportamento sádico e a violência.

Alguns governos estão marcados pela corrupção. As pessoas tornaram-se apáticas. Os cultos satânicos e ritualísticos estão ganhando mais e mais adeptos. O ateísmo, o gnosticismo e o espiritismo estão se difundindo cada vez mais entre os católicos. O movimento da Nova Era, a astrologia, o psicologismo, os leitores de mão e de cartas de tarô e os curandeiros que utilizam cristais estão ganhando inúmeros seguidores. Satanás está atraindo inúmeras almas cristãs para longe da vida em Deus.[5] A Palavra, na carta de Paulo a Timóteo, nos alerta:

---

[5]Cf. Fitch, Ann Ross & De Grandes, Pe. Paul Robert, SSJ, *Caminhando na Luz*. 2ª ed. Campinas: Raboni, 1994, p. 34-35.

Nos últimos dias haverá um período difícil. Os homens se tornarão egoístas, avarentos, fanfarrões, soberbos, rebeldes aos pais, ingratos, malvados, desalmados, desleais, caluniadores, devassos, cruéis, inimigos dos bons, traidores, insolentes, cegos de orgulho, amigos dos prazeres e não de Deus, ostentarão a aparência de piedade, mas desdenharão a realidade. Dessa gente, afasta-te! (2Tm 3,1-5).

É um quadro mais que alarmante. É momento de se refletir o porquê de o dízimo não funcionar em muitas comunidades. Muitas pessoas têm dificuldade de aceitar o dízimo em sua vida. Há necessidade de conjurar esses males e de afastá-los. Há necessidade de limpar o terreno. Há necessidade de purificação interior, de cura interior, para que o dízimo, animado pela Palavra de Deus, possa funcionar em nossa vida.

Diante do quadro desolador, os católicos são como que obrigados a uma reflexão egoísta, em que reina a impossibilidade da comunhão e da solidariedade, vendo, diante de si, apenas dificuldades e impossibilidades econômicas.

Diante do quadro que Paulo nos coloca, podemos ter certeza de que é preciso haver confiança. Naquele tipo de atmosfera, Deus não pode agir na vida cristã. Há necessidade de sérias renúncias, se quisermos deixar o Senhor reinar em nossa vida! As experiências narradas, neste capítulo, mostraram-nos que aquelas pessoas limparam a área de seu ser e se deixaram inundar de luz.

Você também poderá fazer essa experiência de cura por meio do dízimo. É questão de confiança e de colocar a caminho...

6ª lição
O santo temor do Senhor

A Bíblia está cheia (ao menos encontramos muitas referências) de expressões como "temor do Senhor"; "temente a Deus". Tementes a Deus são todos os simpatizantes do judaísmo, que aceitam as normas prescritas no Antigo Testamento (cf. At 10, 2.22.35; 13,16.43.50).

O dízimo é uma norma moralizante no Antigo Testamento. (Não vamos comentar esse particular. Agora vamos nos restringir ao temor do Senhor.)

"No Antigo Testamento não encontramos uma expressão que designe propriamente a palavra 'religião'; no entanto, ela possui a expressão 'temor do Senhor' para designar a atitude do homem em face do Deus que deseja entrar em aliança com ele" (Mons. Vincent).

Muitos pensam que o temor do Senhor é algo absurdo. Outros alegam que a religião, hoje, não é igual à de antigamente. Com isso, vamos esquivando o tema do temor de Deus.

"O temor do Senhor é o princípio da sabedoria" (Pr 9,10). Se isso é verdade (e é), então o temor do Senhor nunca é algo a ser temido. Esse temor não é uma barreira para crescimento, mas um caminho para o crescimento e a realização eterna. Mas a palavra "temor" precisa de esclarecimentos, não é? Afinal de contas, a Bíblia não diz: "O perfeito amor lança fora o medo" (1Jo 4,18)?

O temor do Senhor é um tema educativo. Ele nos faz evitar o mal (cf. Gn 20,11), e Moisés nos alerta: "Não admoesta: "O temor do Senhor é o ódio ao mal. Orgulho, arrogância, caminho perverso, boca mentirosa: eis o que eu detesto" (Pr 8,13). "É pela bondade e pela verdade que se expia a iniquidade; pelo temor do Senhor evita-se o mal" (Pr 16,6). De tudo o que se tem ouvido, a suma é: teme a Deus e guarda seus mandamentos, porque isto é o dever de todo homem (Ecl 12,13). Salomão diz em Provérbios 3,13-16:

> Feliz o homem que acha sabedoria, e o homem que adquire conhecimento; porque melhor é o lucro que ela dá do que o da prata, e melhor sua renda do que o ouro mais fino. Mais preciosa é do que pérolas, e tudo o que podes desejar não é comparável a ela. O alongar-se da vida está em sua mão direita, em sua esquerda, riquezas e honra.

O temor nos leva à prática do bem. É nesse sentido que devemos entender a máxima: "O temor do Senhor é o princípio da sabedoria" (Pr 1,7a). A sabedoria é a virtude que nos leva a fazer o bem para agradar a Deus. O dízimo é um bem proposto à comunidade para sua manutenção de forma solidária e comunicacional.

No Novo Testamento, o tema do temor do Senhor é mais abrangente e compreensível. É equivalente à piedade (cf. Lc 18,1-8, em que a parábola exorta à perseverança na oração).

O temor do Senhor é um sentimento filial cheio de respeito para com o Deus da vida. Quando temos a Deus, tudo se torna mais fácil; as coisas fluem com mais espontaneidade; tudo é feito com mais zelo. O dizimista é mais delicado nas coisas de Deus e fica mais suscetível à graça operante de Deus.

O temor exclui o medo pelo fato de que quanto mais tememos ao Senhor mais nos aproximamos dele, com uma reverência filial, cheia de ternura e moderação.

A frieza de coração

Hoje em dia, há tanto desleixo, tanta frieza de coração e de alma, que tudo isso nos deixa impressionados. Quando tememos ao Senhor, o mundo fica mais transparente e nossa realidade se torna mais próxima.

O mundo religioso parece se aproximar mais de nós; e vamos cedendo aos chamados que o Senhor nos faz diariamente. Acreditamos, também, que é uma questão de tempo e de caminhada espiritual. O dizimista caminha por esse trilho, que é o melhor caminho para realização espiritual como dizimista.

São Paulo fala aos romanos: "Porquanto não recebestes um espírito de escravidão, para viverdes ainda no temor, mas recebestes o espírito de adoção pelo qual clamamos: Aba! Pai!" (Rm 8,15). São palavras consoladoras do apóstolo. Os que são guiados pelo Espírito Santo são filhos de Deus. Então, não há o que temer. É um clima de família, porque todos somos irmãos. O dizimista se motiva por essa palavra de vida.

Falamos anteriormente sobre o medo.

É interessante distinguir medo e temor. "O medo é um certo abalo do espírito diante dos males iminentes; abalo que o paralisa e retrai. O temor, ao contrário, é uma atitude positivamente humana no encontro com a pessoa desconhecida e respeitada" (T. L. Idígoras).

Assim entendido, o temor não se contrapõe ao amor. Pelo contrário, é um companheiro inseparável do amor, como afirma o mesmo autor: "Assim como o amor leva à união confiante das pessoas, o temor leva ao cuidado para não ferir, para não fazer fracassar o encontro, pois o outro tem sempre uma dimensão de transcendência, que está além de nós e que não temos direito de profanar".

Essa será a verdadeira atitude de todo dizimista. Há por detrás do dizimista uma história de amor operante. Na história de todos os homens fiéis a Deus, há uma história de amizade e de confiança. Deus os exorta a perderem o medo (cf. Jz 6,23; Dt 10,12; Is 41,10).

O livro do Deuteronômio apresenta o duplo conceito de temor e de amor da seguinte forma: "Amarás o Senhor, teu Deus, de todo o teu coração, de toda a tua alma e de todas as tuas forças" (6,5); e logo a seguir: "Temerás o Senhor, teu Deus, prestar-lhe-ás o teu culto e só jurarás pelo seu nome" (v. 13). O livro do Eclesiástico é muito claro: "Aqueles que temem o Senhor não são incrédulos a sua palavra, e os que o amam permanecem em sua vereda" (Eclo 2,18).

O foco do Novo Testamento

Voltemos ao Novo Testamento.

A encarnação de Jesus Cristo trouxe uma novidade nesse aspecto. Essa mudança é fundamental, pois faz com que o amor seja o centro de toda atitude cristã: "No amor não há temor. Antes o perfeito amor lança fora o temor, porque o temor envolve castigo, e quem teme não é perfeito no amor" (1Jo 4,18). Por que é assim? Isso se deve ao fato de que o cristão deixou de ser servo e, através do Espírito, tornou-se filho de Deus, relacionando-se com Ele pelo amor e pela confiança (cf. Rm 8,15; Gl 4,7).

Compreendendo isso, o dízimo não é mais uma norma, um preceito moral de obrigação. Para o cristão, o dízimo se torna livre e espontâneo, de forma a não pesar em sua vida como uma obrigação injuriosa. O dizimista é movido pelo amor à Igreja, a Deus. Por esse fato, no Novo Testamento, não iremos encontrar uma referência específica à contribuição do dízimo.

O dízimo deve brotar do interior, como atitude reverencial pelo Senhor da vida. A prática da caridade cristã nova, testamentária tem um original espírito, uma nova dimensão e uma grande confiança no Pai. Só se torna dizimista aquele que aprendeu a viver essa dimensão do amor comunitário.

Para melhor entender o amor que Deus tem por nós e o temor reverencial de todo dizimista honesto em sua contribuição, medite sobre os textos seguintes: 1Jo 4,7-16; Êx 14,25-31; 1Pd 1,1-17; Ap 6,12-17.

Concluímos este capítulo, citando o texto do Deuteronômio 8,6-10. O texto fala do temor de Javé, conceito básico do livro do Deuteronômio. "Guardarás os mandamentos do Senhor, teu Deus, andando em seus caminhos e temendo-o" (v. 6). A partir disso a realidade vai se abrindo como um leque. Verifique:

> O Senhor, teu Deus, vai conduzir-te a uma terra excelente, cheia de torrentes, de fontes e de águas profundas, que brotam nos vales e nos montes; uma terra de trigo e de cevada, de vinhas, de figueiras, de romãzeiras, uma terra de óleo de olivas e de mel, uma terra onde não será racionado o pão que comeres, e onde nada faltará [...]. Comerás à saciedade e bendirás o Senhor, teu Deus, pela boa terra que te deu (v. 7-9.10).

Poderemos desejar algo mais? A promessa é clara e transparente. Se, em sua vida, isso ainda não aconteceu, o que está faltando? Comece, hoje mesmo, a fazer ou deixar isso acontecer em sua vida. A Palavra de Deus não falha. Ela é "tiro e queda"! Não somos autossuficientes e absolutos. Isso acaba gerando soberba e orgulho, que transformam as pessoas em gananciosas e cheias de cobiça. O dízimo quebra esses laços de mentiras e nos torna comediantes de um novo tempo!

Experimente temer ao Senhor e ser fiel a sua Palavra!

Reflexão

"O temor do Senhor é um sentimento filial cheio de respeito para com o Deus da vida. Quando tememos a Deus, tudo se torna mais fácil; as coisas fluem com mais espontaneidade; tudo é feito com mais zelo. O dizimista é mais delicado nas coisas de Deus e fica mais suscetível à graça operante de Deus. O temor exclui o medo pelo fato de que quanto mais tememos ao Senhor mais nos aproximamos dele, com uma reverência filial, cheia de ternura e moderação".

7ª lição
O dízimo: uma contribuição para o reinado de Deus

Esse tema, de certa forma, é uma continuidade do quarto capítulo: "O dízimo dos filhos do Rei". Poderíamos também chamar este capítulo de "O dízimo para a ação de Deus". No tema anterior, o dízimo estaria na relação do reconhecimento sacramental do batismo com a ação cristã na comunidade; entretanto, aqui está na relação da dinâmica do Reino naquilo que é próprio da vida cristã.

Enfim, reinado e ação de Deus são duas expressões que encerram um só objetivo. Todo dízimo deve ter esta função: contribuir para a Igreja, a fim de que sua evangelização possa divulgar e aumentar as sementes do Reino.

Até podemos pensar na "finalidade" do dízimo. No Documento de estudo levado à Conferência dos bispos, estava anotado assim: "As finalidades do dízimo decorrem de sua natureza e de suas dimensões, são configuradas pela Tradição e determinadas pela legislação canônica. Essas finalidades precisam ser levadas em conta na motivação para o dízimo e respeitadas na administração dos recursos que ele provê" (n. 26 e, no Documento oficial, n. 34).

A evangelização depende do sistema de pregação, da unção do pregador, dos catequistas, da ação do Espírito Santo, mas há necessidade de sustentar (questão econômica) essa ação missionária com a ajuda da comunidade cristã. Essa é uma das finalidades do dízimo, aplicadas à evangelização, à catequese, à promoção humana etc.

Isso implica um sistema de arrecadação econômica para sustentar as obras da Igreja. Com esse objetivo, poderemos ir à Palavra de Deus para descobrirmos alguma orientação e encontrar algumas inspirações. Os cristãos doavam tanto para ajudar outros como para apoiar obreiros apostólicos (emissários – chamados, hoje, de missionários), permitindo-lhes viajar e iniciar reuniões, como Igreja, em cada cidade.

Um dos testemunhos da Igreja primitiva foi revelar o quão liberal eram os cristãos com relação aos pobres e necessitados (cf. At 2,44 e 45; At 4,34-37; 1Cor 16; Tg 2, 14-16). A Igreja primitiva foi pobre segundo as condições de sua época. Era uma assembleia perseguida, que não podia ter outros templos a não ser casas particulares ou catacumbas. Devido a sua clandestinidade, os cristãos não podiam ter um culto público.

Lembre-se de que a Igreja do primeiro século era um hospital para enfermos, um abrigo para órfãos e viúvas, um restaurante para os pobres, uma obra beneficente para os abandonados pela sociedade.

Com certeza, a Igreja primitiva era mais motivada pela ação caritativa que provida da necessidade do dízimo com tendência ao sistema judaico de costume. Por isso que não encontramos, no Novo Testamento, uma prática explícita do dízimo, mas uma convocação à solidariedade, de modo que essa é a tônica de então. A comunhão de lá era de dois modos: a comunhão, enquanto Eucaristia, chamada de ceia e a comunhão solidária, econômica e financeira entre os eleitos e santos (cristãos).

A comunhão na Igreja primitiva de Jerusalém foi modelo para as demais Igrejas cristãs. Encontramos o relato, em At 2,42-47, que diz: "Eles eram perseverantes na doutrina (ensinamento) dos apóstolos, na comunhão fraterna, no partir o pão e nas orações". Esses são os quatro pilares da comunidade cristã, que devem dar sustentação à vida de pessoas cristãs. Pela perseverança em ouvir o ensinamento dos apóstolos, eles começaram a praticar a comunhão como irmãos e irmãs, não só de bens, mas também de suas preocupações e lutas, para que todos tivessem as mesmas condições de vida. Nos versículos 44 e 45, somos informados de como essa comunhão se traduzia: todos viviam unidos e tinham as coisas em comum. Isso significa que as pessoas tinham bens e, quando era necessário, colocavam livremente seus bens à disposição daqueles que precisavam.

Curioso pensar que lá se rezava. Não era uma questão de apenas pedir, na esperança de ser atendido, mas de ter cuidado com a espiritualidade adequada a uma prática ablativa da caridade, regada de espiritualidade. O texto nos ensina: perseverança, comunhão, partilha e oração.

Quando Jesus ensina a oração do Pai-Nosso (cf. Mt 6,9-13), Ele lembra à comunidade dos discípulos: "o pão nosso de cada dia... venha vosso reino; não nos deixeis cair em tentação...". São expressões do próprio Jesus para nos lembrar de seu reinado.

Jesus não define seu Reino, não sente necessidade de explicá-lo. Assim acontece com muitos dizimistas: não têm necessidade de saber para onde vai seu dízimo, sua contribuição comunitária. Há uma entrega confiante e a certeza de que aquilo que ele faz, ele o faz pelo Senhor. Assim não há necessidade de muitas explicações. A novidade de Jesus é que "completou-se o tempo, e o Reino de Deus está próximo" (Mc 1,15a).

Crê-se, todavia, que o dízimo na comunidade é mais bem aproveitado e empregado. Não se admite que um pároco ou conselho econômico ou de pastoral faça mau uso do dinheiro do dízimo e o empregue em coisas de somenos importância. É claro que ouvimos tantas histórias desmotivadoras, mas, no geral, o dízimo é bem empregado, e são valorizados os esforços dos dizimistas.

A aceitação do Reino é, primeiramente, um apelo ao arrependimento e à fé (cf. v.15), feito aos humildes (cf. Mt 18,34) e a quem aceita seguir Jesus no caminho do sacrifício (cf. Mc 8,34-36). A fidelidade ao dízimo reside na humildade do contribuinte.

Temos o costume de dizer que o dízimo deve "doer" no coração e, especialmente, no bolso do contribuinte. Não é fácil acontecer uma aceitação passiva e tranquila do dízimo. Acreditamos que, por detrás do dízimo, existe certo mistério que nos sonda, envolve-nos e nos conduz a uma opção amadurecida.

Podemos observar aquelas pessoas que não progridem em seu modo de viver a vida cristã. A opção pela contribuição do dízimo requer uma sensata espiritualidade, centrada no Reino de Deus, no amor de Cristo pela Igreja e pelos irmãos da comunidade. Se as pessoas não progridem, é porque está faltando essa dimensão de espiritualidade mais voltada para o amor desinteressado aos irmãos.

Logo após a instituição da Eucaristia (cf. Lc 22,14-20), Jesus afirma que nos prepara o Reino: "E vós tendes permanecido comigo em minhas provações; eu, pois, disponho do Reino a vosso favor assim como meu Pai o dispôs a meu favor, para que comais e bebais a minha mesa, em meu Reino, e vos senteis em tronos, para julgar as doze tribos de Israel" (v. 28-30). É uma promessa maravilhosa. É um oferecimento comprometido de Jesus à comunidade. Mas, logo em seguida, acontece uma coisa estranha. Satanás tenta conquistar, inclusive, os discípulos de Jesus, e Pedro chegará a negá-lo três vezes (cf. v. 31-34).

O dízimo motivado pela graça de Deus

Quantas vezes pensamos sobre o dízimo, desanimados e duvidosos das promessas da Palavra! É satanás que quer arrancar essa verdade e devolver a mentira, a dúvida. Somente a experiência de contribuir, mensalmente, com um dízimo sincero e honesto, afugenta essa tentação. Não podemos ser dizimistas na dúvida ou na incerteza de que as coisas não vão bem com nossa fé.

Já ouvimos aqueles questionamentos: "Para que pagar o dízimo? O padre tem vida boa. A Igreja é rica: veja só as riquezas do Vaticano! Repare na casa paroquial. Você não está vendo o carro do padre? Olhe como o padre se veste. Para que a Igreja deve se preocupar com o dinheiro?" Assim, muitos vão sendo enganados e ludibriados por pessoas que não fazem parte da comunidade.

Quem segue as normas daqueles que não comungam da mesma fé não caminha, fica atolado no lamaçal de suas perguntas sem respostas. Nada melhor que uma alma limpa, consagrada, ungida e curada desses males. Problemas, dúvidas e questionamentos existem aos montes, mas não podemos ficar nos questionando a vida toda, enquanto o tempo passa.

Tornar-se dizimista é uma questão de decisão. Eu decido ser dizimista, enquanto outros continuam no infindável questionamento. Tem de chegar o momento da maturidade cristã para decidir o que será feito. Infelizmente, poucos pensam assim; a maioria fica no questionamento e não sai em busca de novos ares da fé.

O Reino nos é dado, e a Igreja, extensão do Reino aqui na terra, é-nos oferecida para que a administremos. Todos são responsáveis por essa Igreja santa e pecadora. Não merecemos o título nem de mais santos nem de mais pecadores. São duas realidades que caminham juntas e contribuem para o crescimento da Igreja, aqui neste mundo, dilacerado por injustiças e contradições.

O dízimo nos educa à fraternidade e nos coloca na dimensão amorosa, em que todos somos irmãos e filhos do mesmo

Pai. O mundo (a pessoa) fica caduco quando se aliena da solidariedade e começa a pensar, exclusivamente, em si próprio.

O dizimista desbanca essa regalia pecaminosa de egoísmo construído no pensar em si e se lança na busca de sentido para sua vida. O dízimo modifica o comportamento das pessoas que o aceitam de forma livre e comprometida. Traz um novo frescor para sua fé, que se torna ativa, e não apenas um lamaçal de lamúrias como a maioria acaba fazendo. Podemos pensar ou imaginar a atitude daquela viúva pobre, que entra no Templo para fazer sua oferta (cf. Lc 21,1-4). "Em verdade vos digo: esta viúva pobre deu mais do que todos os outros. Todos eles deram do que lhes sobrava; mas ela, em sua penúria, ofereceu tudo o que possuía para viver."

8ª lição
O dízimo traz a bênção

Uma primeira explicação, para esclarecer os leitores. As bênçãos de Deus são sempre incontáveis! Ele nos ama e gosta de nos abençoar, transformando nossas vidas (o dízimo é um exemplo). A maior bênção que Deus nos dá é a salvação e a vida eterna por meio de Jesus. Não há bênção maior que essa. Ele cuida de seus fiéis e os sustenta, dá muitas bênçãos espirituais e cuida das necessidades. O dízimo é um caminho entre tantos outros, repleto de possíveis encontros de solidariedade e de pessoas que se dispõem à graça, à bênção, à solidariedade, enfim ao projeto de Deus. Estar dizimista é contribuir com o crescimento do Reino e, portanto, ser agente de salvação.

Bênçãos de Deus na Bíblia: "Bendito seja o Deus e Pai de nosso Senhor Jesus Cristo, que nos abençoou com todas as bênçãos espirituais nas regiões celestiais em Cristo" (Ef 1,3).

Sim. O dízimo traz a bênção! Há necessidade de crermos na promessa da Palavra de Deus. O profeta Malaquias revela que Deus abrirá as comportas do céu (cf. Ml 3,10). O que isso significa? Significa o derramamento das bênçãos, que foram prometidas, sobre os dizimistas – se eles forem fiéis. A maioria dos católicos ainda não descobriu essa realidade em sua vida.

Para maior conhecimento, leia no livro do Deuteronômio o capítulo 27, que traz uma rápida visão sobre as maldições. Elas comprovam a fidelidade ou a infidelidade do povo. Leia também o capítulo 28, em que você constatará que a fidelidade produz a bênção. Para isso acontecer, será necessário colocar em prática toda a legislação do Antigo Testamento. "Assim fazendo, o povo receberá as bênçãos, que significam vida, prosperidade, abundância, paz e, sobretudo, o reconhecimento de que é um povo consagrado a Javé, o Deus vivo, que gera a liberdade[6]."

Felipe Aquino diz: "Muitas vezes, nosso trabalho não produz o que esperamos e nossas obras não dão o fruto que planejamos, porque confiamos apenas em nós mesmos e nos esquecemos de pedir a bênção daquele que é o Senhor de tudo e de todos, daquele que tem o mundo em suas mãos. Tantas vezes, Deus 'permite' que nossos projetos fracassem para que aprendamos que sem sua bênção nada podemos fazer" (grifo do autor).

A prática do dízimo nos conduz à humildade e sinceridade com Deus. Só se aproxima do dízimo aquele contribuinte que tem a humildade em reconhecer sua pequenez diante do trono de Deus como servidor do Reino.

As preocupações matam a bênção

Muitos vivem preocupados com suas responsabilidades como pais, como profissionais, com o salário... E, diante disso, aparecem as dúvidas sobre sua colaboração do dízimo. Chega o momento da graça, isto é, de colaborar, e vão aparecendo a dúvida, a incerteza: 10%. Parece que é muito dinheiro.

Com isso, o pensamento voa, e você diz a si mesmo: "É muito dinheiro! Eu já estou em apuro... e ainda esse dízimo?" Então você decide colaborar com um pouquinho, supondo que Deus esteja brincando com você, não é mesmo? Você vai relaxando hoje, amanhã... e acaba desistindo,

---

[6]*Bíblia Sagrada*, edição pastoral. 9 ed. São Paulo: Paulus, 1990, nota de rodapé, p. 227.

porque não se animou, não creu na Palavra, na promessa de Deus que não falha. Assim vivem muitos "dizimistas". Querem ser espertinhos e acabam se saindo mal.

O dízimo nos traz a bênção, mas temos que fazer nossa parte.

Quando nos sentimos abalados e amedrontados com nossas tarefas diárias, não será por que contamos apenas com nós mesmos, esquecendo-nos da bênção de Deus?

> O Senhor te abençoe e te guarde;
> o Senhor faça resplandecer
> seu rosto sobre ti e te conceda graça;
> o Senhor volte para ti seu rosto
> e te dê paz (Nm 6,24-26).

Nossos fardos são pesados demais para que os carreguemos sozinhos. É preciso deixar que Deus nos ajude a carregar. De que forma? Confiando-lhe nossas obras, entregando-lhe nossas preocupações, confessando-lhe nossas fraquezas e pedindo-lhe sua bênção para tudo o que fizermos.

Além disso, a melhor maneira de sermos copiosamente abençoados por Deus é fazendo sua vontade, realizando todas as coisas para ele e por amor a ele. É exatamente o que São Paulo ensinou quando disse: "Tudo o que fizerdes, fazei-o de bom coração, para o Senhor e não para os homens, certos de que recebereis, como recompensa, a herança das mãos do Senhor" (Cl 3,23-24). Esta é a melhor maneira de atrair sobre nós a bênção de Deus: trabalhar para ele, qualquer que seja a atividade que exercemos. Não importa qual seja nosso trabalho, pequeno ou grande; tudo deve ser bem feito e, com muito amor, oferecido ao Senhor como nossa agradável oferta de cada dia.

O Salmo 126 ensina que: "Inútil levantar-vos antes da aurora e atrasar até alta noite vosso descanso, para comer o pão de um duro trabalho, pois Deus o dá a seus amados, até durante o sono" (v. 2).

Muitos lutam e lutam, mas poucos conseguem! Então, desânimo e o desespero tomam conta de alguns. "Se o Senhor não edificar a casa, em vão trabalham os que a constroem" (Sl 126,1).

Bênção provém de bendizer. A Bíblia fala de ofertar o dízimo. O que é isso? É o gesto de bendizer a Deus tudo aquilo que temos. A bênção tem o sentido de honrar a Deus, de adorá-lo (cf. Êx 20,10). Deus abençoa os homens, enviando-lhes seus benefícios. "E Deus os abençoou: 'Frutificai', disse ele, 'e multiplicai-vos, e enchei as águas do mar, e que as aves se multipliquem sobre a terra'" (Gn 1,22). Confira também a bênção de Deus a Jacó (cf. Gn 28,34) e aos patriarcas (cf. Gn 12,2-3).

Quando se quer dar graças pelos benefícios de Deus, deseja-se a bênção de Deus (cf. 1Sm 23,21). A prática do dízimo se torna uma forma de oração de agradecimento e, por consequência, uma forma de agradecer a Deus seus dons e benefícios.

A Eucaristia é uma grande refeição de ação de graças, de bênçãos. Receber a Eucaristia é receber a bênção de Deus, que nos dá possibilidade de comungar essa ação de graças em todas as missas. Muitos ainda não descobriram esse gesto magnífico de Deus. "Aconteceu que, estando sentado conjuntamente à mesa, ele, *Nosso Senhor*, tomou o pão, abençoou-o, partiu-o e serviu-lhe. Então se lhes abriram os olhos" (Lc 24,30-31).

É bom agradecermos a Deus tudo. Recordemo-nos do gesto de Josafá e do povo, que renderam graças a Deus a vitória sobre os amonitas (cf. 2Cr 20,26).

Abençoando materialmente

A bênção se expande de várias maneiras e modos. Encontramos, na Bíblia, diversas formas de "bênçãos". Importa, aqui, encontrar seu sentido, pois nem tudo o que o povo diz sobre a "bênção" é de fato. Alguns gostam de enfeitar o agir de Deus como se fosse algo mágico ou portentoso. Deus se move de forma singela e simples e não de acordo com nossos caprichos.

A bênção, em princípio, não tem uma relação direta com as coisas materiais. Em algumas igrejas protestantes, dá-se a denominada *bênção apostólica* e, em troca, o fiel faz uma contribuição!

O Catecismo da Igreja explica do seguinte modo: "Abençoar é uma ação divina, que dá vida e da qual o Pai é a fonte. Sua bênção é, ao mesmo tempo, palavra e dom (*benedictio, eulogia,* pronuncie *euloguia*). Aplicado ao homem, esse termo significa a adoração e a entrega a seu criador, na ação de graças" (n. 1078). E no n. 2645: "Porque Deus o abençoa é que o coração do homem pode bendizer por sua vez Aquele que é a fonte de toda bênção".

Aqui, vamos anotar três formas de bênçãos, que se adaptam a nossa reflexão sobre o dízimo. Se desejar, poderá ler em sua Bíblia, de forma mais ampliada.

• **Perdoando dívidas** – "então o senhor daquele servo, movido de íntima compaixão, soltou-o e perdoou-lhe a dívida" (cf. Mt 18,27). O contexto é o discurso comunitário, em que o destaque é o perdão para o irmão.

• **Compartilhando alimentos** – "está aqui um rapaz que tem cinco pães de cevada e dois peixinhos; mas que é isto para tantos?" (cf. Jo 6,9). Jesus sacia a fome da multidão (v. 1-15). Havia muitas pessoas, mas um único disposto a colaborar. Às vezes, temos muitos dizimistas inscritos, mas poucos colaboradores fiéis no final do mês.

• **Ofertando e dizimando** – "e digo isto: que o que semeia pouco, pouco também ceifará; e o que semeia em abundância, em abundância ceifará. Cada um contribua segundo propôs em seu coração; não com tristeza, ou por necessidade;

porque Deus ama ao que dá com alegria. E Deus é poderoso para fazer abundar em vós toda a graça, a fim de que, tendo sempre, em tudo, toda a suficiência, abundeis em toda a boa obra; conforme está escrito: espalhou, deu aos pobres; sua justiça permanece para sempre. Ora, aquele que dá a semente ao que semeia também vos dê pão para comer, e multiplique vossa sementeira, e aumente os frutos de vossa justiça; nossa obrigação é abençoar, pois temos uma fonte abençoadora inesgotável, que é o senhor Jesus. Ele nos capacita para essa maravilhosa missão" (cf. 2Cor 9,6-10).

Paulo faz, aqui, uma recomendação sobre a importância da coleta destinada à cidade-comunidade de Jerusalém. Esse texto deve ser lido e acompanhado ao lado do capítulo 8,1-15, em que se encontra o encorajamento de Paulo à comunidade. É bom aprendermos a ler textos bíblicos acompanhados de outros, para melhor discernir.

Lembre-se: oferecer o dízimo é dar graças a Deus pelo que você tem e recebe diariamente! O resultado da bênção é o resultado do investimento na fé, feito pelo devoto como opção. Pense nisso e será um verdadeiro dizimista!

9ª lição
Ser próspero e fecundo

Hoje, todos estão em busca da prosperidade, do sucesso, do bem-estar, do conforto, do glamour, embora os obstáculos sejam inúmeros. A prosperidade não acontece em um passe de mágica. Supõe investimento e anos a fio de insistência em busca de um objetivo que tenha em vista o futuro.

A prosperidade e a fecundidade são duas realidades de uma só verdade. O agradecimento a Deus pelo que temos é o melhor gesto de gratidão pelo Deus da vida. Assim podemos compreender:

• **Prosperidade**: é a qualidade de quem é próspero; propício, favorável; ditoso, feliz, venturoso; bem-sucedido, afortunado; é o estado de quem se enriquece, pouco a pouco; progride; é aquilo que dá bom resultado; melhora, desenvolve-se; corre bem, é favorável.

São conceituações que podemos encontrar no dicionário. Depois, buscamos na Palavra de Deus sua compreensão. Muitos pensam que ser próspero é ficar rico (ser rico com decência). Nada disso. Ser próspero, como diz o dicionário, é ter o suficiente com alegria; é ter o necessário para viver com dignidade.

Na maioria das vezes, as pessoas querem e desejam ser ou ficar ricas. Em nosso caso, o mais importante é ser próspero. Nesse sentido, sempre haverá de sobrar com alegria para podermos colaborar com as pessoas que têm menos que nós.

Circula-se, em alguns grupos evangélicos, a tendência à "teologia da prosperidade", como resultado para aquele que é dizimista. A motivação para, se for ao dízimo, é, apenas, de ordem material. Não somos adeptos dessa tendência. Teologia da prosperidade (também conhecida como Evangelho da prosperidade) é uma doutrina religiosa cristã, que defende que a bênção financeira é o desejo de Deus para os cristãos e que a fé, o discurso positivo e as doações para os ministérios cristãos irão sempre aumentar a riqueza material do fiel.

• **Fecundidade**: é a qualidade daquele que é fértil; faculdade reprodutora. Fecundidade provém de fecundar, como aquele que comunica o princípio, a causa imediata de seu desenvolvimento; capacidade de produzir, de inventar, fomentar, desenvolver, conceber e gerar. Isso, que podemos encontrar nos dicionários e na Palavra de Deus, tem, em base, a mesma realidade.

Tanto prosperidade quanto fecundidade são duas qualidades que se juntam para formar uma realidade de congraçamento, de beleza e de generosidade divinas. As experiências nos têm mostrado que essa realidade deve ser vivenciada por todo dizimista. É necessário entendermos por quais caminhos passa a graça de Deus.

A prosperidade envolve a necessidade de manter um relacionamento amigável com Deus. Nesse mundo dilacerado pelas injustiças e pelo corre-corre das pessoas, elas vão vivendo marginalizadas, sem se aperceberem disso. No mundo do trabalho, na maioria das vezes, há a necessidade de ganhar, e, para isso, muitos precisam perder. Para nós, cristãos, seria esse o caminho? Cremos que não. Para eu ganhar, você não precisa perder.

Não é um caminho fácil, e, para percorrê-lo, devemos deixar de lado uma porção de teorias, de ideias, de princípios... Acostumados com nosso comodismo católico, muitos de nós nos sentimos perdidos quando queremos fazer uma opção sincera pelo dízimo. Ir ao dízimo é uma questão de escolha, de discernimento e de opção.

A conversão ao dízimo

Faz-se necessário mudar tudo na vida cristã. Para muita gente é "normal" explorar, vencer e não ficar para trás. Nesse jogo louco da vida há um provérbio que diz: "salve-se quem puder". Com isso, quantos pais ensinam aos filhos que, em uma briga de crianças, elas nunca devem levar a pior! Assim vamos crescendo... desejando sempre explorar e vencer, nem que seja à custa dos outros.

"Ser bom, caridoso, respeitador... Ah! Não há chance alguma", esse é o pensamento geral. E o dízimo, de acordo com essas mesmas ideias, com esses mesmos pensamentos, é assim considerado. Mas por esse caminho Deus não anda! Tantas pessoas encaram o dízimo de forma equivocada e colaboram com qualquer coisa, pensando que já está bom! Aliás, ficamos com a impressão de que muitas delas pensam que Deus é cego, não é mesmo?

No entanto, esquecem-se de que Deus é prosperidade e fecundidade absolutas. Ainda não abriram os olhos para observar, a sua volta, o mundo com sua realidade, ao mesmo tempo macabra e santa. Não sabem nem mesmo valorizar a saúde que tem, o salário que ganham, as amizades que conquistaram no transcurso da vida. Não conseguem romper esse cerco de amarras, de incapacidade para admirar o que está a seu redor.

Por aqui começa nosso caminhar sincero e honesto em busca da trilha do Senhor: o acordar de manhã e perceber que se está vivo; a alegria e a saúde dos filhos; a comida na mesa durante as refeições; a água para o banho; enfim, a vida que nasce a cada manhã.

Quem não consegue se admirar e admirar o que Deus fez vai se fechando em seu mundinho medíocre e impenetrável. A maioria do povo está com a vida "enguiçada"... Um dia alguém chegou até a dizer: "eu era como um vaso. Depois ele se quebrou e, hoje, tento juntar os pedacinhos que sobraram..."

Quando me proponho a contribuir com o dízimo, fico assim: livre e aberto para receber. Não que o faça de forma a receber por meus méritos. Não. A natureza me retribui o que dou de livre e espontânea vontade. Eu dou porque tenho; e tenho para dar sinceramente, porque Deus me tem dado muito mais do que mereço! Quando começo a pensar assim, estou me tornando fecundo e próspero como consequência. Meu ser, meu pensamento e minhas ações estão se plenificando do divino.

Ir ao dízimo exige um pouco (ou bastante) de discernimento e de atitude. É claro que isso tem a ver com a forma de espiritualidade que eu nutro em minha vida. Não há como ser dizimista relaxado e desprovido de certa alegria na contribuição. Vou ao dízimo como Maria se alegrara com a presença de Deus em sua vida: "A minha alma se alegra em Deus..."

Muitas pessoas fazem a experiência do dízimo dando e fazendo mais com menos. Mas, quando há conflitos internos, dúvidas e questionamentos, as coisas não caminham dessa forma. As pessoas se atolam no lamaçal de suas interrogações. Por isso é necessário que cada um faça uma limpeza em sua vida emocional, espiritual e material.

Em uma casa suja, onde tudo está confuso, é difícil nos movimentarmos com tranquilidade, não é mesmo? Se colocamos dúvidas sobre a realidade de nosso dízimo – para onde ele vai, o que o padre irá fazer com seu dinheiro etc. –, começamos a cortar o canal da graça.

Para começar a ser próspero, há necessidade de uma excelente amizade com Deus e com sua Palavra. A dúvida é inimiga, inclusive, da boa ação...

O dízimo é um símbolo

As pessoas vivem tão assustadas com assaltos que muitos pensam que contribuir com o dízimo seja um "assalto" da Igreja e de Deus! Por isso não contribuem. Você já havia notado esse detalhe? É isso mesmo. O medo de ficar mais pobre acaba empobrecendo seu espírito e atraindo a mesquinhez de gestos e de ofertas. Observe as ofertas que se colocam por ocasião das missas. Não é ridículo? Mais que isso, é sinal de inautenticidade; é sinal de que ainda não entenderam nada sobre as ofertas livres e espontâneas de acordo com a decisão do coração. Jesus diz que "a boca fala daquilo de que o coração está cheio" (Lc 6,45b). Podemos parafrasear dizendo que ofertamos aquilo que nosso coração empobrecido está desejando!

Quando você fizer a contribuição do dízimo, de hoje em diante, faça-o como um verdadeiro discípulo da Palavra. Creia nela e saiba que o Senhor é verdadeiro e é bom pastor. O que você separar para Deus deve ser verdadeiro, e ninguém pode enganar a Deus, nem a si mesmo!

O ser humano nasceu para ser próspero e fecundo. Mas isso é como encontrar um grande tesouro. Deixe-se convencer pela própria Palavra:

> "Vocês devem guardar as palavras desta aliança e colocá-las em prática, para serem bem-sucedidos (prósperos) em tudo quanto fizerem" (Dt 29,8). "Sua prosperidade depende de você observar e praticar os estatutos e normas que Javé ordenou a Israel por meio de Moisés. Força e coragem! Não tenha medo e não se acovarde" (1Cr 22,13). "Deus acrescentou:

'Eu sou o Deus todo-poderoso. Seja fecundo e multiplique-se. De você nascerá uma nação, uma assembleia de nações, e de suas entranhas sairão reis'" (Gn 35,11).

Viram a beleza desses três textos da Bíblia? Cada um, carregado do esplendor, vem da Palavra. O primeiro nos indica a suntuosidade da prosperidade e nos convida a ela; o segundo retoma o tema com o equivalente conselho de se praticar os mandamentos; o terceiro atiça-nos à fecundidade com a promessa aos filhos do rei.

Esperamos que você, leitor, tenha coragem de repensar sua contribuição do dízimo... Quando damos para quem precisa, estamos praticando caridade; mas, quando damos a quem não precisa, estamos praticando generosidade. Em nosso caso, o dízimo não é um gesto de caridade, mas, sim, um gesto generoso, e, por essa razão, ele deve ser calculado em 10%. Deus não necessita de nossas "ofertas", "esmolas" ou, mesmo, do "dízimo". Tudo que temos vem dele e para ele deverá fluir!

É essa realidade que deve mudar em nossa mente e em nosso coração...

10ª lição
A alegria de ser dizimista 100%

"Regozijai-vos com Jerusalém e encontrai aí vossa alegria, vós todos que a amais" (Is 66,10).

A alegria é um sentimento que traz satisfação para a vida; brota como algo maravilhoso dentro de nós e contagia as pessoas. Ela é indescritível, e todo homem que já a sentiu lembra-se dela facilmente.

Quantos encaram a religião – e o dízimo – sem entusiasmo e, consequentemente, sem alegria. O dizimista é uma pessoa alegre. A mensagem cristã é uma alegre notícia da Boa-Nova da salvação. Essa alegria de que falamos não é semelhante à alegria manifestada no carnaval e em outras festas profanas, em que o povo se expande de forma a esquecer o sentido da vida; esquece suas responsabilidades diárias, a realidade nua e crua a seu redor; foge da própria situação de desamparo e da tristeza crônica, recorrendo a diversões superficiais, que cobrem com barulho e gargalhadas problemas agudos que não se conseguem solucionar[7].

A alegria do dizimista, do cristão é uma alegria harmônica, que entende as dimensões mais profundas da existência, de sua relação com Deus. Trata-se de uma alegria sóbria e serena, viva e profunda.

Muitas pessoas, quando entram na esfera do religioso, mudam a cara, a forma de conversar, a maneira de se vestir etc. Tais pessoas estão separando uma coisa da outra.

---

[7] Cf. Idígoras. L. *Vocabulário teológico para a América Latina*. São Paulo: Paulinas, 1983.

É "normal" ser católico relaxado e, quando "vira crente", mudar a forma de se vestir...

Muitos vivem entristecidos, e podemos ter certeza de que o Espírito Santo não opera nesses corações. Há necessidade de limparmos o coração, a alma, para deixarmos o poder do Espírito agir em nós. Quando liberamos essa força poderosa, a vida das pessoas começa a mudar. Muitas vezes é questão de processo, de tempo. Não começamos a andar de uma vez. Primeiro engatinhamos e, depois, aos poucos, vamos firmando os primeiros passos...

Mas podemos nos perguntar: "Como ser alegre diante de tanta desgraça, pobreza, incerteza?" Nada disso nos pode tirar a alegria de viver. A Bíblia indica as várias formas de alegria, como é o exemplo da satisfação da vida simples e ordenada:

> Mais vale um pobre sadio e vigoroso, que um rico enfraquecido e atacado de doenças. A saúde da alma, na santidade e na justiça, vale mais que o ouro e a prata. Um corpo robusto vale mais que imensas riquezas. Não há maior riqueza que a saúde do corpo; não há prazer que se iguale à alegria do coração (Eclo 30,14-16).

Até o Pequeno Príncipe fala da efemeridade da vida, quando se encontra com a raposa. No interior do diálogo aparecem, dispersos, esses pensamentos:

> – Vem brincar comigo – propôs ele. – Estou tão triste...
> – Eu não posso brincar contigo – disse a raposa. – Não me cativaram ainda.
> – Ah! Desculpa – disse o principezinho. Mas, após refletir, acrescentou:
> – Que quer dizer "cativar"?...
> – Se tu me cativas, nós teremos necessidade um do outro. Serás para mim o único no mundo. E eu serei para ti a única no mundo...

– Minha vida é monótona. Eu caço as galinhas, e os homens me caçam. Todas as galinhas se parecem, e todos os homens também.

Mas se tu me cativas, minha vida será como que cheia de sol...

Assim é a vida: só vale pela alegria de bem vivê-la. Até as lágrimas poderão se reverter em muita alegria: "Os que semeiam entre lágrimas, recolherão com alegria" (Sl 125,5). O dizimista deve aprender a viver sempre muito alegre. Sua alegria deve ser 100%. Essa alegria nasce da satisfação em contribuir, sem aquela obrigação odiosa de ter de contribuir meio forçado. Em tudo o que fazemos deverá haver liberdade e espontaneidade naturais.

> Enquanto viver, cantarei à glória do Senhor, salmodiarei a meu Deus enquanto existir. Possam minhas palavras lhe ser agradáveis! Minha única alegria se encontra no Senhor (Sl 103,33-34). A alegria nos faz descobrir como é bom servir a Deus com o dízimo. "Nossa alma espera no Senhor, porque ele é nosso amparo e nosso escudo. Nele, pois, alegra-se nosso coração, em seu santo nome confiamos" (Sl 32,20-21).

O gesto do contribuinte nasce desta certeza agraciada de que Javé é nosso auxílio e escudo. Essa alegria traz segurança e conforto. Nosso dízimo é um tesouro seguro, e fazemos tudo para adquiri-lo (cf. Mt 13,44). É bom repensarmos essa dimensão do dízimo à medida que meditamos a história do filho pródigo (cf. Lc 15,11-32).

Já meditamos sobre o dízimo dos filhos do Rei e sobre o dízimo para o reinado de Deus. Aqui podemos afirmar que "o reino de Deus não é comida nem bebida, mas justiça, paz e gozo no Espírito Santo" (Rm 14,17), além de todos os frutos do Espírito (cf. Gl 5,22).

É muito bom também entendermos que a alegria não nos separa da cruz. Sem cruz não há cristianismo nem mesmo alegria cristã. Um dia ouvi alguém dizer: "O senhor diz que o dízimo é uma bênção; que Deus não nos abandona; que o dízimo cura as pessoas; que ser dizimista é atrair prosperidade... Em minha vida nada disso aconteceu!" O que acontecia com essa pessoa? Na realidade ela não optou pelo dízimo crendo na Palavra, mas naquilo que o padre havia dito. Ela era interesseira, egoísta; pensava que o dízimo fosse uma forma de curandeirismo barato e que, dando qualquer trocado para a igreja, já se conseguia a cura, a melhoria da vida.

Podemos afirmar que essa é uma forma de se pecar contra o Espírito Santo. Você conhece, no livro dos At 8,18-24, a história de Simão, um mago que queria comprar o poder da cura?

A alegria a que nos referimos não é um comércio com Deus. Como Simão, muitos tentam praticar a contribuição do dízimo, mas, desinformados, acabam não compreendendo e confundindo as coisas. O caminho de Deus é por outras pegadas!

Os cestos cheios da graça e a alegria da partilha

A maioria do povo católico pensa que só seremos alegres, felizes, depois da morte; que essa vida aqui na terra é de sofrimento, de amargura, de tédio e de infelicidade... Não é isso que Deus quer. Apesar do pecado, cremos na ressurreição, na conversão e na salvação, que Jesus Cristo nos veio trazer.

Então a vida não é feita de desilusões. O segredo de bem viver está na sabedoria de encontrar o amor, que brota da cruz do Senhor. Assim entendida, ela não é pesada. Cristo utilizou o exemplo da mãe que dá à luz: ela sofre a dor do momento, mas ao mesmo tempo se alegra, pois sua dor é fonte de vida (cf. Jo 16,21). Os apóstolos não conseguiram captar esse mistério, escandalizaram-se diante dessa prova e desiludiram-se com a cruz (cf. Lc 24,19-21).

Essa é a tentação da maioria dos cristãos diante do sofrimento, da morte. Observe o comportamento de católicos em um velório e você verificará quanto ainda estamos longe da ressurreição! Há uma tentação contra a fé e contra a alegria. Poucos se alegram diante da morte como passagem para a vida; poucos se entusiasmam e se dispõem a agradecer a Deus o dom de viver...

Uma grande parte dos católicos é uma multidão de pessoas tristes. Um dia alguém testemunhou: "Eu não tenho o direito de ser alegre. Quero viver sempre triste. Enquanto os outros se divertem, eu fico em meu canto, 'curtindo' minha tristeza e minha inveja por ver as outras pessoas felizes. Coloquei em minha cabeça que devo andar sempre triste. Adoto a norma de que só a tristeza é minha companheira. Por isso choro de tristeza por ver a alegria dos outros e não consigo sair desta 'fossa'".

Encontramos milhares de católicos assim, que vivem enterrados e enguiçados em suas lamentações. Por isso que muitos vão à igreja e são tão reprimidos que não se permitem, ao menos, bater palmas, porque sempre os ensinaram a viver tristes para "agradar" a Deus! Poucos se alegram com o heroísmo dos irmãos da comunidade, com os encontros de fraternidade etc. Nossa missão é resgatar a alegria perdida pela incompreensão.

Um dizimista infeliz é aquele que contribui com um dízimo, entristecido; isso não faz bem para ninguém. Pense em sua vida cristã, na alegria de ter para poder oferecer ao Senhor da vida, que tudo lhe dá. Quando for à Igreja, leve sua alegria; ao menos, manifeste isso às pessoas. Quando der seu dízimo, dê também um sorriso para Deus! Ele vai ficar muito feliz. Amém.

O dízimo renovado

A alegria por um dízimo novo!
Percebemos tantos descaminhos na vida da maioria das

pessoas que frequentam nossas igrejas! São pessoas que não dão passos para frente, ou caminham muito devagar, quase parando. Os progressos na vida material e espiritual são pífios, pequenos demais.

Uma elementar conclusão: "Mesmo que você diga às pessoas absolutamente tudo o que elas precisam fazer para terem sucesso, 99% delas não farão nada", (Peter Drucker). Podemos dividir os frequentadores da igreja e aqueles que não decidem, de fato, pelo dízimo em três grupos.

O primeiro são aqueles que afirmam que estão em busca de algo para se realizarem e acertarem o caminho de ida. Eles buscam encontrar uma fórmula mágica para acertar o passo e ficam buscando, em jogos de azar, uma alternativa para sair do sufoco. Também se interessam pelas paróquias que oferecem bastante movimento de cura e de libertação e não ficam sem uma ou mais novenas e promessas interesseiras. Esses dificilmente se acertam no dízimo. Até iniciam o processo, mas não progridem por muito tempo.

O segundo são pessoas que adquirem conhecimento, mas nunca encontram "tempo" ou "oportunidade" para colocar o que sabem e aprendem em prática. Vivem dando desculpas disso e daquilo. Nunca podem assumir um trabalho na Igreja. São pessoas dispersivas e inconstantes. Nunca conseguem se reorganizar para assumir um trabalho, e o dízimo fica sempre para mais tarde, esperando a crise passar. Na maioria das vezes, nem atenção dão ou se esforçam para fazer a experiência do dízimo.

O terceiro são aqueles do tipo "pessimista". Não acreditam em si e não têm forças para superar sua vagareza. Caminham a passo de elefante. É o grupo da baixa autoestima. Não culpam os outros, mas a si próprios. Estão como que atolados em suas desculpas e impossibilitados de caminhar. O dízimo nunca irá funcionar, pois é mais uma "despesa" em sua jornada de lamentação. Suas despesas são sempre no nível de interesses pessoais. Podem gastar um "caminhão de dinheiro" com coisas boas, mas não têm dez reais para sua comunidade.

A maior frustração dos padres, de agentes de pastoral e de catequistas que trabalham com o público (pessoas) é ver que a maioria não progride. Fazemos cursos, encontros, dias de formação, cerco de Jericó, acampamentos e etc., mas o resultado é insignificante. Por vezes, vemos nossas assembleias cheias de pessoas e nos animamos, mas, quando procuramos os resultados (os frutos da evangelização), frustramo-nos.

Como, um dia, disseram-nos: "Não sei quanto a vocês, mas eu passei muito tempo da minha vida fazendo mil listinhas, sonhando com várias metas, planejando tarefas que me levariam a elas e, no fim... acabava no mesmo lugar. Nada saía do papel". Ou como disse George Bernard Shaw: "As pessoas estão sempre culpando suas circunstâncias pelo que elas são. Eu não acredito em circunstâncias. As pessoas que progridem, neste mundo, são as que se levantam e procuram as circunstâncias que querem e, se não conseguem encontrá-las, elas as fazem". E também: "É impossível haver progresso sem mudança, e quem não consegue mudar a si mesmo não muda coisa alguma".

Muito planejamento e nenhuma ação, nenhuma decisão: por que você não progride e toma uma decisão de como sair da inércia e ser um
verdadeiro dizimista feliz e realizado?
Enfim, a decisão é sua...
Ninguém pode decidir por você...

Reflexão

"É muito bom também entendermos que a alegria não nos separa da cruz. Sem cruz não há cristianismo nem mesmo alegria cristã. Um dia ouvi alguém dizer: 'O senhor diz que o dízimo é uma bênção; que Deus não nos abandona; que o dízimo cura as pessoas; que ser dizimista é atrair prosperidade... Em minha vida nada disso aconteceu!' O que acontecia com essa pessoa? Na realidade ela não optou pelo dízimo crendo na Palavra, mas naquilo que o padre havia dito. Ela era interesseira, egoísta; pensava que o dízimo fosse uma forma de curandeirismo barato e que, dando qualquer trocado para a igreja, já se conseguia a cura, a melhoria da vida".

Indicações e sugestões para leitura

A leitura contribui para o crescimento espiritual e dinâmico da vida cristã. Leia livros, faça cursos, aumente sua criatividade. Nunca ache que está bom, busque a perfeição. Quando gostamos de alguma coisa, corremos atrás dela, não é mesmo? Assim acontece com o dízimo. A leitura nos auxilia nessa busca.

• *Bíblia*. É o primeiro e grande livro. Não se entende o dízimo senão pela Palavra de Deus. Nela está contido o que Deus quer do povo. Busque na Palavra a ideia mais acertada e encontre nela a indicação original dessa experiência.

• Existem muitos materiais (DVD, Aplicativo, Livros e outros) muito interessantes para se ouvir e aprender com a experiência diária dos autores. *A Editora Santuário, A Partilha, Pão e Vinho, Vozes, Paulus* e o *Recado* oferecem muitos materiais para a evangelização do dízimo. Vale a pena conferir.

• *O Dízimo não Acontece por Acaso* e *O Dízimo de A a Z*, padre Jerônimo Gasques, Editora *O Recado*. Nesse material, o autor questiona o porquê de o católico ter dificuldade em aceitar o dízimo e uma meditação pastoral, por meio do abecedário.

• Documentos da CNBB, 106: *O Dízimo na Comunidade de Fé* – orientações e propostas, 2016. Doc. da CNBB – 8, *A Pastoral do Dízimo*. São os dois "documentos" que nos autorizam a reflexão nessa área importante da pastoral.

• Do Pe. Jerônimo poderá ser encontrado outros livros: *As sete chaves do dízimo* (Paulus); *Dízimo e captação de recursos* (Paulus); *Dízimo e juventude* (Editora a Partilha); *A espiritualidade do dízimo* (A partilha); *As cinco leis do dízimo* (Paulus).

- *Manual Essencial do Dízimo*, padre Jerônimo Gasques, Loyola. Esse é um texto para se organizar o dízimo nas comunidades paroquiais. Ele se dirige aos agentes. É bom dispor de uma equipe bem preparada para iniciar o trabalho de dinamização do dízimo junto à comunidade.
- *Dízimo: a experiência que faltava em sua vida cristã*, padre Jerônimo Gasques, Paulus.

Conclusão

O dízimo é um eco! Ele toca as montanhas e volta em forma de resposta: "faça a experiência". Aqueles que conseguirem ouvir o eco se colocarão em alerta e poderão iniciar a tarefa; mãos à obra! O eco não vem puro; vem por etapas...

Quando éramos crianças, gostávamos de gritar e – que sensação boa! – ouvir o retorno de nosso grito por entre os montes, pela casa... Nós nos sentíamos felizes por conseguirmos nos ouvir.

Com o dízimo ocorre o mesmo. Ele é o retorno expressivo daquilo que sou e que faço com alegria e disponibilidade. Um dízimo bem praticado será sempre abençoado. É uma questão de experiência de Deus. Por esse fato ele é fruto da bênção divina da criação. Deus, ao propor o dízimo, não estava brincando conosco, mas estava, sim, gritando para que ele fosse o eco de nossas atitudes. Muitos conseguem assumi-lo, outros não conseguem superar essa tentação de não experimentar a alegria contagiante do amor de Deus por nós.

Quando começamos a escrever este livro, na introdução, falamos da experiência de Abraão, lembra-se? Pois bem. Deus deu a Abraão o dom da bênção! "Nada temas, Abrão! Eu sou o teu protetor; tua recompensa será muito grande" (Gn 15,1b). Diante disso, da promessa, Abraão ousa questionar a Deus, respondendo: "Senhor Javé, que me dareis vós? Eu irei sem filhos, e o herdeiro de minha casa é Eliezer de Damasco" (v. 2).

Abraão ainda não estava, suficientemente, maduro para entender as promessas e que a Palavra de Deus não falharia em sua vida. Deus olha com amor para Abraão e responde a seu clamor: "Não é ele que será o teu herdeiro, mas aquele que vai sair de tuas entranhas" (v. 4). Abrão não entendeu mais nada...

Como Pai, Deus toma Abrão, leva-o para fora da tenda e pede que ele erga os olhos para o céu, observe as estrelas e, se possível, que as conte (v. 5). Era o desafio de Abrão. A bênção de Deus era infinita, grande demais para Abrão poder entendê-la com suficiência. Mas a Palavra de Deus diz que Abrão acreditou em Javé (cf. v. 6).

A bênção de Deus é uma promessa para todos os seus filhos!

Apesar de tudo, Abrão ainda questiona a promessa: "Senhor Javé, como poderei eu saber que a hei de possuir?" (v. 8). Abrão estava tremendamente confuso ao pedir o sinal. Havia a necessidade de agradar a Deus com uma oferta benigna. Deus a pede, e Abrão obedece ao Senhor...

Deus não quer ninguém escravo. Somos filhos do Rei. Somos um povo eleito e escolhido de forma especial.

Por isso Deus faz Abraão sair de Ur dos Caldeus e promete a prosperidade da terra fecunda! "Sair para" é sair para a vida, para a liberdade, para a pertença, para caminhar em direção à vida. O dízimo nos induz ao mundo desconhecido da experiência de Deus. Provavelmente, há muitas incertezas no início, mas com o passar do tempo as coisas vão se assentando como a poeira da tempestade! Tudo vai ficando mais claro como a luz do dia...

O dízimo é fruto da graça, que poucos procuram; é a certeza de que muitos desejam. Há uma historinha que diz o seguinte: "Um leão encontrou um grupo de gatos conversando. 'Vou devorá-los!', pensou o leão. Mas começou a sentir-se extremamente calmo. E resolveu sentar-se entre os gatos para prestar atenção no que diziam. 'Meu bom Deus', disse um dos gatos, 'oramos a tarde inteira! Pedimos que chovesse. E até agora nada aconteceu!' Disse o outro gato: 'Será que o Senhor não existe?' O céu permaneceu mudo.

E os gatos perderam a fé. O leão se levantou e seguiu seu

caminho, pensando: 'Veja como são as coisas. Eu ia matar esses animais, mas Deus me impediu. Mesmo assim, eles pararam de acreditar nas graças divinas. Estavam tão preocupados com o que estava faltando que nem repararam na proteção que receberam'".

Assim acontece com muitos dizimistas. Ficam tão preocupados com seu mundinho que se esquecem da graça de Deus agindo diariamente em sua vida. Para uma prática verdadeira do dízimo, há necessidade de despojamento, de se crer na Palavra de Deus, pois ela é sempre eficaz, verdadeira.

O dízimo é uma grande graça que, no entanto, poucos perceberam. É um excelente meio de vivenciar a fraternidade, a generosidade e a partilha comunitária. O dízimo cura nossos egoísmos e nos educa para viver pensando nos irmãos. Descobrir o dízimo é descobrir o veio fecundo da graça, que não falha em nossa vida cristã. É pena descobrir o dízimo tão tarde em nossa vida...

Podemos ter a certeza de que o dízimo é tão antigo, tão velho. Falar dele é, ainda, falar do Antigo Testamento. Nem parece que estamos na era do Espírito Santo, na era da graça operante do Salvador. Talvez isso possa estar acontecendo: não conhecendo o Antigo Testamento, temos dificuldade de entender a ação do Espírito no Novo Testamento. Já dissemos que Jesus não fala do dízimo. Jesus já superou o dízimo.

Com Jesus aparece outra nova realidade que é o fato do amor, da graça. Quem quer seguir o Cristo deve renunciar tudo... dar aos pobres... tomar a própria cruz e segui-lo. Esse é o novo caminho, a nova meta, o novo descobrimento, que emergem da opção pelos excluídos.

O dízimo é tempo de graça, é promessa e, por isso, um desafio.

Esperamos que você tenha tirado proveito desta leitura. Como você observou, nosso livro não nasceu de teorias sobre o dízimo. Nasceu de nossa experiência pessoal e comunitária nesta caminhada de longos anos de convivência com dizimistas e com sérias resistências. Temos observado que muitas pessoas, em nossas paróquias, não conseguem optar verdadeiramente pela prática do dízimo; outras não conseguem ser fiéis; outras não conseguem sair de certas esmolinhas, pensando que isso é dízimo.

Acreditamos que somente falar sobre o dízimo não é suficiente. Argumentar, também, não é o melhor caminho. O mais seguro é a pessoa crer no poder da Palavra de Deus, que nunca falha. Aparentemente, isso é fácil, quando dizemos com palavras. Mas a realidade é que poucos se apropriam do poder que tem a Palavra de Deus.

O dízimo é como uma planta. A semente já germinou. A muda existe. Se não fincá-la no chão, nada acontecerá, apenas morrerá e não deixará sua beleza aparecer. A planta cravada no chão, regada, cuidada crescerá, fincará suas raízes, nascerão belos galhos, flores e frutos. Virá o lavrador e se alegrará com a beleza do fruto; Assim também você se alegrará com o seu dízimo!

O que sabemos, por experiência, é que o dízimo guarda um mistério insondável, por isso ele é um grande tesouro. Há necessidade de investirmos nessa ideia, que é cheia de surpresas agradáveis.

Agora reflita:

• Como está com seu dízimo? Fiel 10%? Ou qual é sua medida para Deus? Você tem se preocupado com isso? Você tem contado sua experiência às pessoas? O que elas dizem? Como se comportam quando você é franco com elas?

• Você já teve dúvidas sobre sua contribuição? Como foi sua dúvida? Você a contou para alguém que se encontra na mesma situação?

• Você teria coragem de pregar sobre o dízimo? Como faria? Nunca pensou em começar um trabalho de evangelização sobre o dízimo para que outras pessoas possam usufruir daquilo que você usufrui com seu dízimo?

• Como seria se todos os católicos de sua comunidade paroquial resolvessem ser dizimistas? Haveria muito dinheiro? Quem o administraria? Como seria sua paróquia? Isso seria impossível? Seria sonhar alto demais ou sonhar acordado?

• Como é seu gesto de levar o dízimo? Como se comporta? Como coloca o dinheiro no envelope? Já pensou nesse gesto? Não seria melhor pensar de hoje em diante?

Tenha muito sucesso e muita graça, meu irmão. Deus tem uma bênção para você. Somos filhos do Rei! O dízimo não é mágico: contribuiu, prosperou! Dízimo é amor. Se seu amor estiver machucado... Somente um amor curado se abre à experiência do dízimo cristão.

Este livro foi composto com as famílias tipográficas Magnolia Script e Book Antiqua
e impresso em papel Offset 63g/m² pela **Gráfica Santuário.**